宅建
テル×キナ

魔法のテクニック
「テルキナ式5W1H」

「ひっかけ問題」
完全攻略

カバーデザイン	株式会社クリエイティブ・コンセプト
本文デザイン・DTP	日本ハイコム株式会社
本文イラスト	宇都木雪那（kina）
執筆協力	市川知佳

はじめに

　「宅建テルキナ」として平井照彦先生とチームで活動を始めてから、「合格」の報告をいただくことが増えました。そのたびにとても嬉しく、日々やりがいを感じています。生徒のみなさんや関係者の方々、周りにいてくれる大切な人たちに感謝の気持ちでいっぱいです。

　本書を手に取ってくださった方の中には、かつての私のように、なかなか点数が伸びず、不安な方も多くいらっしゃると思います。ただ、そんなときこそ、今まで努力してきた自分を信じてください。
　勉強を始めたときに比べたら、解けるようになった問題のほうがずっと多いはずです。あなたが今感じている不安は、ここまで努力をしてきた証です。あとは、問題文のキーワードを見抜く力、そして、知識の正確性を高めていくことで合格に結びつきます。

　本書では、宅建試験の特徴でもある「ひっかけ問題」に負けないために、意識するべきポイントをまとめました。
　自分のより良い未来への為、合格に向けて頑張っていきましょう。本書を手に取ってくださったあなたの「合格」を願っています。

2024年5月

宇都木 雪那（kina）

本書の特色

　宅建試験用問題集は、次の２種類に大きく分けられます。

① 年度別の問題集

「令和元年の問題」や「平成 30 年の問題」というように、年度ごとに問題をまとめたもの。

② 分野別の問題集

「宅建業法」「権利関係」というように、分野ごとに問題を整理して掲載されているもの。

　しかし、**本書はこのどちらにも当てはまらない、ひっかけパターン別の問題集**です。出題傾向に基づき、オリジナル問題を中心に意地の悪いひっかけ問題を多数収録しています。

　過去問などに触れた方はすでにおわかりでしょうが、**宅建試験とは受からせるものではなく、落とすことを目的とした試験**と言っても過言ではありません。「なんとなくわかった気でいる」受験者をふるい落とすため、随所にひっかけトラップが仕掛けられています。

　マラソンコースのいたるところに、バナナの皮が落ちているとイメージしてみてください。ひっかからないためにはその意地悪さに慣れ、「お、この曲がり角がくさいぞ」と予見できるくらい──つまりは問題を見ただけで察することができるくらい、自分が曲者になっておく必要があります。

　本書の問題を繰り返し解き、ぜひ曲者になってから、試験日を迎えていただきたいと思います。

本書の問題を解くときのポイント

　最初にネタばらしをしてしまいます。

　本書は前述のとおり、「ひっかけ問題に負けない自分になること」を目的としています。その性質上、問題の多くは誤りの選択肢で構成されています。

　そこで、**問題演習をする際には、「○×が合っていればいい」という解き方は絶対にしないでください。**

　×の選択肢であれば、「どこが×なのか」「どんなふうに文章を修正すれば○になるのか」を常に考えてください。

　宅建試験は、繰り返し同じ論点が出題される傾向にあります。その際、まったく同じ文章ではなく、微妙に表現を変えて出題されるのです。

　答えの○×だけ覚えている方は、「バナナの皮はよけられても、石ころにはつまずきがち」です。少しでも表現を変えられてしまったら得点できないのです。

　「なんとなく」の解き方では、「それなりの得点」しか得られない──これを合言葉に、自分で解説ができるレベルにまで理解度を高めていきましょう。

Contents

巻末付録 **間違いやすい用語集**

📖 **間違いやすい7つのポイント** 232

①免許の欠格事由と免許の取消事由／②債務／③弁済／④損害賠償／⑤抵当権の効力が及ぶ／⑥開発行為／⑦債権譲渡、賃借権の譲渡、所有権の譲渡

1章

テルキナ式

宅建試験
攻略のコツ6選

宅建試験攻略のコツ6選

Point 1　宅建試験は落とす試験

　宅建試験とは、低い合格率からもわかるように、そもそも実力不足の受験生を落とすことを目的とした試験です。

　「まあまあ勉強した」「なんとなくわかった気でいる」

　そんな受験生を合格枠からはじき出すべく、試験委員はあえて間違いやすい問題を出題してくるのです。

　もちろん、これには理由があります。宅建試験に合格すれば、宅地建物取引士登録ができるようになります。そして、宅地建物取引士証の交付を受けることで、業務上、重要事項説明や 37 条書面の記名ができるようになります。これは、**不動産取引のプロ**と認められることを意味します。

　たとえば、あなたが不動産屋さんで家を買うときに、担当の宅建士が重説の**読み飛ばし常習犯**だったり、うっかりミスが多い人だったりしたら嫌ですよね。そんな人に重要事項説明をしてほしくはないはずです。また、国としても、そんな人に宅建士の資格を与えてしまうと、宅建士制度そのものが揺らいでしまいます。

不動産取引のプロになれるかどうか、
これが問われているのが宅建試験です！

　そこで、試験委員は、不動産取引のプロとしての適性を見るために、細かいひっかけ問題を作ってくるのです。これによって、詳細までしっかり注意を払える人物かどうかを見極めているんですね。

　受験生のなかには、「なんとなく○」という感じで問題を解く方がいます。しかし、前述したように宅建試験は不動産取引のプロとしての適性を見る試験ですから、「なんとなく」では通用しません。そんな姿勢で重要事項説明をされたら、お客さんとしては大迷惑ですからね。

　なので、試験問題も「なんとなく」の人は落ちるように作られているんです。このことから、問題演習をする際には、しっかりと理由付けができるレベルにまで知識を高めていくことが重要です。×の選択肢であれば、どの部分が誤りなのか。さらには、どうすれば正しい記述になるのか。これらを意識してください。

　また、○の選択肢も、根拠となるルールを示せる状態を目指してください。そうすれば、問題文の表現が変わったとしても解答できます。

　このように、試験委員は、受験生をふるいにかけることを考えて問題を作成しています。それに負けない自分を目指して勉強を進めていきましょう。

> なんとなく問題を解くのではなく、
> 理由付けをしながら問題と
> 向き合っていきましょう。

②Point なめてかかると落ちる

　受験生の多くは合格者の「率」で考えがちですが、合格者の「数」で考えてみると、この試験がいかに過酷なものかが実感できます。令和5年度の宅建試験の受験者数は23万3,300人でした。このなかから、合格者数はというと4万人です。つまり合格するには、他の19万人の受験者よりも多く点を取らないといけません。これは、令和6年2月1日時点での、山口県山口市の人口とほぼ同数です。

　「山口市で一番の成績を取らなければならない」

　これが、「率」ではなく「数」で見たときの宅建試験の実情です。19万人に勝たなければならないわけですから、なめてかかると残念な結果で終わってしまいます。「自分の中では頑張った」では足りません。23万人の中で「頑張った」と胸を張って言えるくらいにまで自分を高めていく必要があります。

　このように、合格までの道のりはとても過酷です。しかし、難しいからこそ合格することに意義があります。簡単な試験なら、これほど評価される資格にはなっていないでしょう。

　難関試験に合格するということはどういうことか、これを今一度かみしめて日々の試験勉強を続けていってください。

率ではなく、数で考えると、身が引き締まりますね。

③ ケアレスミスは存在しない
Point

　点数が伸びない方の中には、ケアレスミスを軽く捉えてしまっている場合が多いです。

「今回はまあケアレスミスだから……」

　これで済ませてしまうと、それ以上点数は伸びません。根本的な対処をしなかったら、同じような問題でまた間違えるからです。

　車の運転をイメージしてください。本人の中ではケアレスミスだったとしても、それによって重大な事故につながってしまいますよね。宅建試験においても同じです。ケアレスミスで済ますのではなく、再発防止策を立てなければなりません。

　このとき、まずは原因を特定しましょう。

　たとえば、「誤っているものを選ぶはずが、正しいものを選んでしまった」という場合には、選択肢に気を取られすぎて問題文をおろそかにしていることが原因です。また、マークシートにマークする段階でのチェック体制が不十分であることも原因として考えられます。

　他にも、「"誰が"というひっかけ問題にひっかかりやすい」「"いつ"ひっかけにことごとくひっかかる」といったケースでは、キーワードを読み飛ばしてしまっていることが原因となります。

　このように、原因を分析していくと、自分の思考パターンがわかってきます。それによって、「どのような問題で間違

いやすいか」が見えてくるため、ミスを未然に防ぐことができます。

　自分のミスと真剣に向き合うのは、とてもつらいことです。自分の弱点を直視して、分析をしていく必要がありますからね。もっとも、これを繰り返していけば、自分の思考パターンそのものが変わっていきます。大変だと思いますが、是非自分に厳しく、まっすぐに自分を見つめ直してみてください。

ケアレスミスであってもミスはミスです。
次はミスをしないように、
しっかり原因を分析していきましょう。

④ Point　ひっかけパターンを覚える

　宅建試験では、繰り返し出題されているひっかけパターンが存在します。ひっかけ問題に打ち勝つための第一歩は、このひっかけパターンを覚えることです。

　ひっかけパターンを覚えると、次のようなメリットがあります。

> ①回答スピードが上がる
> ②安定して得点できる
> ③初見の問題でも応用が利く

①回答スピードが上がる

　ひっかけパターンを覚えると、問題を見たときに、「あ！

これはあのひっかけパターンだ！」という風に、瞬時に答えを出すことができます。これは、答えを出すにあたって問題文のどこを見るべきかがわかるからです。つまり、着眼点が事前にわかるため、素早く回答できるようになるんですね。

ひっかけパターンを覚える

↓

問題文の着眼点がわかる

↓

回答速度が上がる

どこを見るべきかがわかれば、
素早く答えを出すことができます。

②安定して得点できる

　ひっかけパターンを覚えておくと、問題文に惑わされなくなります。その結果、安定した得点が可能となります。

　1点の重みがとても大きい宅建試験において、合格するためにはミスなく問題を解いてく必要があります。見たことがある問題で失点してしまうと、その分、見たことがないような難しい問題で得点しなければなりません。そうならないために、あらかじめひっかけパターンを覚えていきましょう。

```
ひっかけパターンを覚える
          ↓
問題文に惑わされなくなる
          ↓
安定して得点できる
```

> ひっかけパターンをインプットして、
> 安定して得点しましょう！

③初見の問題でも応用が利く

　宅建試験では、今までの出題とは違った切り口で問題が作られることがあります。

　たとえば試験本番、選択肢を二択まで絞ったとしましょう。

```
正しいものはどれか。
1  ○○○○
                ←1と2で悩む
2  ○○○○
3  ○○○○←これは×と判断できた
4  ○○○○←これは×と判断できた
```

　この場合、選択肢1と2のうち、どちらかは誤りです。しかし、どの部分が×なのかがわからない状態だとします。

　このようなときにも、ひっかけパターンを覚えておくと、その知識を駆使して問題を解くことができます。

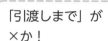

別の項目で"いつまで"とい
うひっかけがあったな……。

↓

「引渡しまで」が
×か！

　試験本番では、二択のどちらかで勝負しなければならない
場面が必ず来ます。このとき、ヒントがあれば答えを導き出
しやすくなりますよね。そのヒントとなるのが、ひっかけパ
ターンです。

　他の受験生に差をつけるためにも、ひっかけパターンを
しっかりと覚えていきましょう。

初めて見る表現でも、ひっかけパターンを
覚えておけば答えを導き出せます！

⑤ キーワードの抽出能力を上げる
Point

　問題を解くときに大事なことは、長い問題文の中から正確
にキーワードを抽出することです。

　実際に宅建試験で出題された問題を見てみましょう。

令和4年 問20 選択肢1

　　土地区画整理組合の設立の認可の公告があった日以後、換地処分の公告がある日までは、施行地区内において、土地区画整理事業の施行の障害となるおそれがある建築物の新築を行おうとする者は、**土地区画整理組合の許可**を受けなければならない。

答え：×

　このとき、見るべきポイントは1つだけです。

　「土地区画整理組合の許可」、この記述が誤りです。土地区画整理組合ではなく、知事の許可を受ける必要があります。

　このように、答えを出せるかどうかは、キーワードを抽出できたかどうかにかかっています。

　どれだけ知識をインプットしたとしても、キーワードを抽出できなければ得点できません。一生懸命ひっかけパターンを覚えても、キーワードの抽出に失敗すれば答えを出すことはできないのです。このように、キーワードの抽出能力こそ、得点力に直結します。

　では、どうすればキーワードの抽出能力を高めることができるでしょうか。それは、日々の問題演習をするときに正誤判定の決め手となる単語を見極めていくことです。それを繰り返していくと、問題文の中で見るべきポイントが浮かび上

がってきます。

このとき、キーワードを使って問題の解説ができるようになると、抽出能力はさらに洗練されていきます。

実際の問題を使って実践してみましょう。

令和5年 問3選択肢2

Aを注文者、Bを請負人として、A所有の建物に対して独立性を有さずその構成部分となる増築部分の工事請負契約を締結し、Bは3か月間で増築工事を終了させた。Bが材料を提供して増築した部分に**契約不適合**がある場合、Aは**工事が終了した日から1年以内**にその旨をBに通知しなければ、契約不適合を理由とした修補をBに対して請求することはできない。

答え：×

注文者A　　　請負人B

この問題のキーワードは、

・**契約不適合**
・**工事が終了した日から1年以内**

この2つです。

学生時代、「次の言葉を使って説明せよ」という形式の問題を解いたことがあると思います。それと同じように、キーワードを使って説明をするイメージです。

> 契約不適合がある場合、注文者は契約不適合を知ったときから1年以内にその旨を請負人に通知しなければ、契約不適合を理由とした修補を請求できません。この選択肢は、知ったときからではなく、工事が終了した日から1年以内となっているため、誤りです。

講師になったつもりで説明をしてみると、目のつけどころがわかってきますよね。

日々の勉強でこれができるようになると、試験本番でキーワードを正確に抽出できるようになります。慣れないうちは時間がかかったり、面倒くさいと感じたりするかもしれません。しかし、慣れれば一気に得点力が上がります。ぜひ意識していってください。

> ○×の決め手となるキーワードを
> 正確に抽出していきましょう。

⑥ 長所を伸ばすより短所をなくす
Point

宅建試験は、出題の内訳が決まっています。

権利関係	14問
法令上の制限	8問
税・価格評定	3問
宅建業法	20問
5点免除科目	5問

　また、それぞれの科目で、毎年出題されるテーマもおよそ決まっています。たとえば、宅建業法の「報酬」に関する問題は毎年1問出題されていますし、法令上の制限では「都市計画法」が毎年2問出題されます。さらに、同じようなひっかけパターンが繰り返し出題される傾向にあります。

　このような試験傾向を踏まえると、長所を伸ばし続けるよりも短所をなくしたほうが点数が安定します。

　どれだけ得意なテーマであっても、1点は1点です。それなら、弱点をなくして、1点をもぎとれる項目を増やしたほうが効率的ですよね。

　先述のとおり、宅建試験は不動産取引のプロとしての適性を問う試験です。プロとして長所があるのはいいことですが、決定的な弱点があるとやはり信頼できません。

　車の運転免許の試験をイメージしてください。

　次の2人のうち、どちらのほうが安全に車を運転できるで

しょうか。

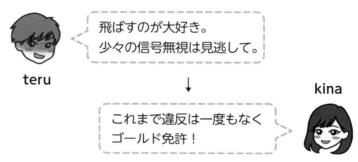

飛ばすのが大好き。
少々の信号無視は見逃して。

teru

kina

これまで違反は一度もなく
ゴールド免許！

　あたり前の話ですが、kina のほうがより安全に車を運転
できますよね。teru の場合、どれだけ飛ばすのが大好きで
も、信号無視をすればいつか大事故につながってしまいます。
　宅建試験もこれと同じです。試験委員としては、まずは一
通りの問題をしっかり解ける人に宅建士の資格を与えたいと
考えています。
　たしかに、合格した後、実務をしていくなかで長所を磨い
ていく必要はあります。もっとも、それはあくまで合格した
後の話。合格するまでは、弱点をなくし、どのような角度で
問題が出題されても得点できるようにしていきましょう。

まとめ

①
Point 宅建試験は落とす試験

・試験委員はふるいにかけてくる。それに負けないように

②
Point なめてかかると落ちる

・19万人に勝たなければならない

③
Point ケアレスミスは存在しない

・しっかりと再発防止策を考える

④
Point ひっかけパターンを覚える

①回答スピードが上がる

②安定して得点できる

③初見の問題でも応用が利く

⑤
Point キーワードの抽出能力を上げる

・○×の決め手となるキーワードを正確に抽出

⑥
Point 長所を伸ばすより短所をなくす

・配点が決まっているため、弱点を減らすことが大事

宅建試験は相対評価

　資格試験には、絶対評価の試験と相対評価の試験があります。絶対評価の試験は、あらかじめ合格点が決まっており、その点数以上なら合格できるというものです。簿記の試験やFP試験、行政書士試験が絶対評価の試験です。

　一方、相対評価の試験は、あらかじめ合格率が決まっていて、その上位数パーセントの受験生が合格する試験制度です。宅建試験は、この相対評価の試験に分類されます。

　絶対評価の場合、合格率が大きく変動する傾向にあります。合格点が決まっているため、それ以上の得点を取った方は絶対に合格できるということです。

　一方、相対評価の試験では、合格点が変動します。点数にかかわらず、上位の受験生が合格する仕組みだからです。

　宅建試験をはじめとした相対評価の試験では、他の受験生がどれくらい得点してくるかを意識する必要があります。大事なのは、上位に入ることです。難しい問題が多ければ、全体的に得点率が低くなります。その結果、合格ラインが下がります。逆に、取りやすい問題が多ければ、合格ラインが上昇します。

　このように、相対評価である宅建試験において、合格点は、結果的にその点数となっているにすぎません。上位15％前後がどのくらいの得点になっているか、それによって合格点が決まるためです。他の資格試験を受験した経験がある方も、今一度、試験制度の違いを意識して合格戦略を練っていきましょう。

2章

テルキナ式5W1H+数字
のひも解き方

テルキナ式5W1H＋数字
を意識せよ！

　宅建試験は、年々問題文が長くなる傾向にあります。

　ただでさえ堅苦しい条文の表現で書かれていますから、どこを見て○×を判断すればいいのか、わかりづらいですよね。

　そこで文章をどうひも解いていけばよいのか、ポイントをお伝えします。

　当然の話ですが、試験委員が誤った選択肢を作る際は、正しい文章の一部を改変してひっかけ問題を作成しています。

　その際に改変される要素は主に7つ。それらを **「テルキナ式5W1H＋数字」** として紹介しておきたいと思います。

テルキナ式5W1H＋数字

① Who	「誰が」
② Whom	「誰に」
③ What	「なにを」
④ When	「いつ」
⑤ Where	「どこで」
⑥ How	「どのように」
⑦ 数字	

　モグラたたきをイメージしてください。モグラはどの穴から出てくるかはわかりませんが、出てくる穴はすでに用意さ

れていますよね。

　実は試験問題にも、ぱっと見ではわからないだけで穴が存在しているのです。その穴の場所を見つけるために、「テルキナ式5W1H＋数字」をぜひ活用してください。

　次の文章を見てください。

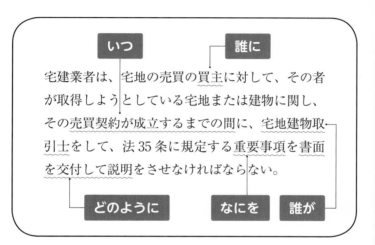

いつ

誰に

宅建業者は、宅地の売買の買主に対して、その者が取得しようとしている宅地または建物に関し、その売買契約が成立するまでの間に、宅地建物取引士をして、法35条に規定する重要事項を書面を交付して説明をさせなければならない。

どのように

なにを

誰が

　宅建業法35条に関する文章です。

　これは正しい記述となっていますが、この文章の5W1H、つまりひっかけになりうる穴は、下線部となります。問題文では、この部分が正誤判定の決め手となります。あらかじめこうして目のつけどころがわかっていれば、ミスを防ぐことができますよね。

　さらに、慣れてくれば**解答に必要なキーワードを抽出できるようになる**ので、時間短縮にもつながります。まさに一石

二鳥！

　ぜひ日頃から、穴を見つけ出す意識を持って、問題文に多く触れてください。

　それでは実際に本試験で出題された問題を見てみましょう。

令和5年 問42 選択肢イ

　売主および買主が宅地建物取引業者ではない場合、当該取引の媒介業者は、売主および買主に重要事項説明書を交付し、説明を行わなければならない。

答え：×

　この問題では、「誰に」という部分がひっかけになっています。重要事項説明とは、「あなたが買おうとしている物件は、こんな物件ですよ」ということを買主に説明するものです。あくまで法律の建前上ですが、買主は、重要事項説明を聞いてから、契約するかどうかを決めます。

　このことから、売主に対して説明する必要はありません。売主にしてみれば、自分の物件について説明を受けても意味がないからです。

どこが×かわからないときには、5W1Hを意識して穴を探してください。

ひっかけパターンの分析

　第1章の**ひっかけパターンを覚える**の項目で、あらかじめひっかけパターンをインプットすることの重要性をお伝えしました。この項目では、代表的なひっかけパターンを見ていきます。

 Point ① 「誰が」 ひっかけ

①権利関係のひっかけの代表例

| 代理 | 本人が亡くなったのか、無権代理人が亡くなったのか

・**本人**が死亡し、無権代理人が本人を単独で相続した場合

　→無権代理行為は当然に有効となる

・**無権代理人**が死亡し本人が無権代理人を単独で相続した場合

　→無権代理行為は当然に有効とはならない

| 相殺 |

・一定の不法行為の**加害者**は、相殺を主張できない

・**被害者**は、相殺を主張できる

| 債権譲渡 |

・債権譲渡の通知は債権の**譲受人**ではなく、**譲渡人**が行わなければならない

| 賃貸借 |

・賃貸人たる地位の移転により**賃貸人**が変わった場合

→敷金は承継される

・賃借権の譲渡により**賃借人**が変わった場合

　→敷金は承継されない

②法令上の制限のひっかけの代表例

都市計画法

・開発行為により設置された公共施設は、原則**市町村**が管理する

国土利用計画法

・事後届出は、**買主**が行う。**売主**ではない

盛土規制法

・一定の場合、**造成主**が許可を受ける必要がある。**施行者**ではない

土地区画整理法

・換地処分の公告がなされるまでの間に工事をする場合、**知事**の許可が必要。**施行者**の許可ではない

・仮換地は、**施行者**が管理する

・保留地は、**施行者**が取得する

・設置された公共施設は、原則**市町村**が管理する

テキストで知識をインプットする段階から、「誰が」に着目していきましょう。

③宅建業法のひっかけの代表例

宅建業者・宅建士ひっかけ

- 宅建業者名簿の**変更の届出**と、宅建士登録簿の**変更の登録**
- **宅建業者**の免許の欠格事由と、**宅建士**の登録欠格事由
- **宅建業者**への処分と、**宅建士**への処分
- 媒介契約書の作成は、**宅建士**ではなく**宅建業者**が行う

| 買主が宅建業者であるときに適用されない規定 |

- 宅建業者が自ら売主となる場合の8つの規制
- 営業保証金・弁済業務保証金の還付権者
- 重要事項説明、供託所等の説明義務
- 住宅瑕疵担保履行法における資力確保措置

| 届出義務者 |

- 宅建業者が吸収合併されて消滅した場合、消滅した会社の**代表役員**であったものが届出をする
- **宅建業者**が破産をした場合、**破産管財人**が届出をする
- **宅建士**が破産をした場合、**宅建士本人**が届出をする
- 案内所の届出（50条2項の届出）は案内所を設置した**宅建業者**が届出をする

| 講習 |

- 登録実務講習は、**大臣**の講習
- 宅建士証交付の際の法定講習は、**知事**の講習

② 「誰に」ひっかけ
Point

①権利関係のひっかけの代表例

| 遺言 |

- **死亡した者**に対する遺贈は基本的に無効

②法令上の制限のひっかけの代表例

|都市計画法|

・地区計画は、**市町村長**に届出をする。**知事**ではない

|国土利用計画法|

・事後届出は、市町村長を経由して、**知事**に対して届け出る

③宅建業法のひっかけの代表例

・事務禁止処分を受けた宅建士は、宅建士証をその交付を受けた知事に提出しなければならない。**処分をした知事**ではない

・重要事項説明は**買主**に対して行う。**売主**には不要

「誰が」ひっかけに比べるとパターンは少ないですが、読み落としやすいので注意してください！

③「なにを」ひっかけ
Point

①権利関係のひっかけの代表例

|土地と建物ひっかけ|

・売買契約が行われているのは土地か建物か

・抵当権が設定されているのは土地か建物か

・土地の賃貸借なのか、建物の賃貸借なのか

②法令上の制限のひっかけの代表例

都市計画法

・1ha未満の野球場は特定工作物ではないため、開発許可不要

建築基準法

・重要文化財には、建築基準法は適用されない

農地法

・原野を農地に転用する場合、農地法の許可は不要

③宅建業法のひっかけの代表例

宅地の定義

・用途地域外であっても、建物の敷地に供せられている土地は宅地に該当する

営業保証金

・金銭のみを供託している場合

　→保管替え請求

・有価証券を供託している場合

　→新しい供託所に、新たに供託

従業者証明書

・従業者証明書の提示を求められた場合、**宅建士証**ではなく**従業者証明書**を提示しなければならない

重要事項説明において建物の貸借なら説明しなくていいもの

・都市計画法・建築基準法

・私道負担

・住宅性能評価

- 建築・維持保全の書類
- 手付金等の保全措置
- 契約不適合責任
- 金銭貸借のあっせん

37条書面で貸借なら記載不要のもの

- 移転登記の申請時期
- 既存建物の場合、構造耐力上主要な部分について当事者双方が確認した事項
- ローンのあっせん
- 契約不適合責任
- 租税公課

重要事項説明と37条書面ひっかけ

- 代金、交換差金、借賃の額は37条書面の記載事項
- 引渡しの時期は37条書面の記載事項

重要事項説明と37条書面は、貸借に注意してください！

④ Point 「いつ」ひっかけ

①権利関係のひっかけの代表例

遡及効

- 時効、無権代理の追認、遺産分割には遡及効がある
- 停止条件付契約は、条件が成就したときに効力が発生。遡及効はない

相続

・相続人が相続放棄や限定承認をする場合、相続開始を知った時から**3カ月以内**にしなければならない

不動産物権変動　第三者との関係

・タイミング的に前なのか、後なのかで結論が変わる

	取消し	時効完成	解除
前	意思表示の問題	時効取得者の勝ち	対抗関係
後	対抗関係		

抵当権

・抵当権者は、債務者がお金を受け取る前に差押えをしなければならない

契約不適合

・**不適合を知った時**から1年以内に通知しなければならない。**契約の時**から1年ではない

②法令上の制限のひっかけの代表例

都市計画法　地区計画

・工事に着手する日の**30日前まで**に届け出なければならない

盛土規制法の届出

・規制区域に指定された際、すでに工事をしている場合
　→指定から21日以内（事後届出）
・高さ2m超の擁壁・排水施設の工事
　→工事着手14日前（事前届出）

・公共施設用地を宅地 or 農地に転用

　→転用から 14 日以内（事後届出）

③宅建業法のひっかけの代表例

欠格事由

・執行猶予期間が満了すれば、**直ちに**免許を受けることができる。5年縛りはない

営業保証金

・免許を受けてから供託をし、その旨の届出をした**後**で事業を開始できる

広告の解禁時期

・開発許可・建築確認を受けた**後**でなければ、広告をすることができない

契約の解禁時期

・開発許可・建築確認を受けた後でなければ、契約をすることができない。ただし、貸借の契約は、受ける前でも可能

重要事項説明

・重要事項説明は、契約成立**前**にしなければならない

「いつ」ひっかけに引っかかってしまう方はとても多いです。
読み飛ばしに注意してください！

⑤ 「どこで」 ひっかけ

①権利関係のひっかけの代表例

権利関係では、「どこで」に関するひっかけはほぼ出題され
ていません。したがって、問題を解くときには、「どこで」
に関してはそれほど注意を払う必要はありません。

②法令上の制限のひっかけの代表例

【都市計画法】

・区域区分は、**都市計画区域**において定める。**準都市計画区
 域**ではない

・**市街化区域**では、必ず用途地域を定める。**市街化調整区域**
 では、原則として用途地域を定めない（定めることができ
 ないわけではない）

・**特別用途地区**は用途地域**内**に定める、**特定用途制限地域**は
 用途地域**外**に定める

【開発許可】

・**市街化区域**では農業系例外が適用されないため、農林漁業
 を営む者の住宅のために行う開発行為でも許可が必要

・**市街化調整区域**では、面積例外がないため、面積が小さい
 場合も基本的に許可が必要となる

【農地法】

市街化区域内の農地は、あらかじめ農業委員会に届出をすれ
ば許可不要

③宅建業法のひっかけの代表例

案内所・事務所ひっかけ

・**案内所**を設置したとしても、免許換えは不要

・**案内所**を設置したとしても、営業保証金や弁済業務保証金分担金は不要

・**事務所**は従業員5人に対し専任の宅建士が1人以上必要
申込や契約を行う**案内所**は1人いればよい。申込や契約を行わない**案内所**なら宅建士は不要

・帳簿・従業者名簿・報酬額の掲示は**案内所**には不要

営業保証金・保証協会

・営業保証金は、本店最寄りの供託所に供託する。弁済業務保証金は、法務大臣および国土交通大臣の指定する供託所に供託する

> 特に案内所ひっかけに注意!
> 案内所と来たら、ワナがしかけられていると
> 考えて、慎重に問題を解きましょう。

⑥ 「どのように」ひっかけ
Point

①権利関係のひっかけの代表例

債務不履行

・履行不能の場合、催告をせずにいきなり解除できる

保証

・保証契約は書面または電磁的記録でしなければならない

定期借地権・定期建物賃貸借

借地	一般定期借地権	書面または電磁的記録
	事業用定期借地権	公正証書
	建物譲渡特約付借地権	口頭でも OK
借家	定期建物賃貸借	書面または電磁的記録
	取壊し予定の建物賃貸借	書面または電磁的記録

②法令上の制限のひっかけの代表例

土地区画整理法

・換地処分は、**個別に通知**することで行う。**公告**によって行うわけではない

③宅建業法のひっかけの代表例

重要事項説明

・IT 重説を行うときも、宅建士証の提示が必要

37 条書面

・説明義務がないため、説明をせずに交付したとしても宅建業法違反とはならない

電磁的記録

・重要事項説明書、37 条書面等は、相手方の承諾を得れば、電磁的記録で提供できる

書面、電磁的記録など細かいところですが、
正確に押さえていきましょう！

⑦ 「数字」ひっかけ
Point

① 権利関係のひっかけの代表例

区分所有法

・集会の招集の通知は、会日より少なくとも**1週間前**に発しなければならない
・共用部分の重大な変更は、区分所有者および議決権の**各4分の3以上**の多数による集会の決議が必要

② 法令上の制限のひっかけの代表例

都市計画法

・非線引きの都市計画区域内では、**3,000㎡以上**の開発行為を行う場合、原則として許可が必要

建築基準法

・高さ**20m**を超える建築物には、避雷設備が必要
・高さ**31m**を超える建築物には、非常用エレベーターが必要

国土利用計画法

・事後届出は、契約を締結した日から**2週間以内**

③宅建業法のひっかけの代表例

保証協会

・保証協会は、納付を受けてから **1週間以内**に供託

・社員が支店を設置した場合、 **2週間以内**に保証協会に納付

・専任の宅建士の数が不足した場合、 **2週間以内**に措置をとらなければならない

「場合」「とき」で事案を確定！

　宅建試験の問題文は、ほぼすべての選択肢に「場合」「とき」という言葉が出てきます。

　「場合」「とき」という言葉が来たら、一度文章を切りましょう。

　というのも、この「場合」「とき」という言葉の前には、問題となっている事案が書かれています。試験委員が、「こういうケースですよ〜」と教えてくれているのです。

> **事案** 場合、／……
> **事案** とき、／……

　けれど、わざわざ教えてくれているからこそ、事案の読み取りミスをしてしまうと、正しい知識を持っていたとしても正解を導くことはできません。

　「場合」「とき」で文章を区切った後、すぐに続きの文章を読んではいけません。まずは事案を正確に読み取り、何が起

きているのかを正確に把握してください。

「あ、これはテキストでやったあのケースだ！」ということがわかってから、「場合」「とき」の後を読むクセをつけましょう。

こうすることにより、正誤判断の確実性が飛躍的に向上します。

実際に、本試験で出題された問題を見てみましょう。

令和3年（10月実施）問8選択肢1

　Aが1人で居住する甲建物の保存に瑕疵があったため、甲建物の壁が崩れて通行人Bがケガをした場合（以下この問において「本件事故」という。）における次の記述のうち、民法の規定によれば、誤っているものはどれか。

〈選択肢1〉

　Aが甲建物をCから賃借している場合、Aは甲建物の保存の瑕疵による損害の発生の防止に必要な注意をしなかったとしても、Bに対して不法行為責任を負わない。

答え：×

これは民法の「工作物責任」というテーマからの出題です。

問題文に1カ所、選択肢にも1カ所、「場合」という言葉が入っています。ここで一度文章を切り、それぞれ事案を整

理してみましょう。

　Aが1人で居住する甲建物の保存に瑕疵があったため、甲建物の壁が崩れて通行人Bがケガをした場合

　Aが住む家の壁が崩れ、Bがケガをしたことが読み取れます。宅建試験においては、「誰が」「誰に」というひっかけパターンが多く出題されています。この対策として、正確に登場人物を把握することが必要です。
　では、選択肢の1を見ていきましょう。

選択肢1　Aが甲建物をCから賃借している場合

　短い文章ですが、回答にあたりとても重要なことが書かれています。Aは甲建物をCから賃借していることから、甲

建物の所有者はCであることがわかります。つまり、Aは
この建物の占有者となります。これを読み取った上で、問題
文の続きを見ていきます。

> Aは甲建物の保存の瑕疵による損害の発生
> の防止に必要な注意をしなかったとしても、
> Bに対して不法行為責任を負わない。

　このとき、いきなり答えを出そうとしてはいけません。
「キーワードの抽出能力を上げる」の項目で見たように、ま
ずやるべきことは、キーワードを抽出することでしたよね。

　この問題のキーワードは、

> ・Aは
> ・必要な注意をしなかったとしても
> ・不法行為責任を負わない

　この３つです。これらを抽出した上で、この問題の論点を
整理していきます。
　この問題では、土地工作物責任について問われています。
土地工作物責任は、責任を負う順番がポイントとなります。

土地工作物責任を負う者
　　① 占有者
　　　　↓必要な注意をしていたら……
　　② 所有者

　責任を負う者として、まずは占有者が第一候補となります。

　もっとも、占有者は、損害の発生の防止に必要な注意をしていたときには、責任を免れます。この場合、所有者が無過失責任を負うこととなります。したがって、注意をしなかったとしてもＡが責任を負うとする選択肢の1は、誤りです。

　このように、「場合」で文章を切ると、問われている内容がハッキリしてきますよね。その上で、5Ｗ1Ｈ＋数字に着目していくと、得点力が一気に高まります。日々の勉強はもちろんのこと、試験本番においても意識していただきたいポイントになります。

コラム2
宅建試験の上位に入るために①

　合格に必要なのは点数ではなく、上位に入ることです。では、上位に入るためにはどうすればいいのでしょうか。

　まずは、正答率が高い問題を確実に取ること、これが大前提となります。そして、ズバリ！　正答率が高い問題というのは、過去に出題されている問題のことです。

　たとえば、正答率80％の問題と正答率30％があるとします。この2つのうち、確実に得点しなければならないのは、正答率80％の問題です。実は、正答率30％の問題は、失点したとしても合否には影響しません。これは、仮に失点したらどうなるかを考えると、理由が見えてきます。

　正答率80％の問題を失点してしまうと、80％もの受験生に1点分の後れをとってしまいます。上位15％前後に入らないといけない宅建試験において、これは致命的なミスとなります。

正答率80％の問題を失点したら……

80％の受験生に後れをとってしまう

失点

3章

5点 up をめざす！

5W1H＋数字
ひっかけ問題集

Who & Whom
「誰が」「誰に」 ひっかけ

誰が

宅地建物取引業者Cが宅地の売却の媒介を行う場合、当該宅地を購入しようとする者が宅地建物取引業者であるときは、宅地建物取引業者Cは、売買契約が成立するまでの間に重要事項を記載した書面の内容を宅地建物取引士に説明させる必要はないが、その書面を交付する必要がある。

誰に

人物に着目して問題を読み解いていきましょう。問題によっては、図を書きながら解くのがおすすめです。

注）この例題では問題を解くにあたり、ひっかけのヒントとなる考え方を解説しています。実際の問題文にはヒントは記載されていませんのでご注意ください。

3 章

5 W 1 H ＋数字
ひっかけ問題集

Who & Whom

What

When

where

How

数字の
ひっかけ

─── 解　説 ───

例題 001　答え　〇

　この問題のポイントは、「誰が」＝宅建業者 C が「誰に」＝宅建業者という部分にあります。この部分がひっかけです。

　重要事項説明の相手方が宅建業者であるときには、重要事項説明を省略できます。ただし、書面の交付を省略することはできません。

〇×で終わらせるのではなく、「どこが誤りなのか」「正しくはどうなのか」を意識しながら問題演習を行ってください。

権利関係　問題

＝＝ 民　法 ＝＝

問 001
未成年者は、その法定代理人の同意を得ずに行った法律行為は取り消すことができる。ただし、古着の仕入販売に関する営業を許された未成年者は、その営業に関しては、当該売買契約を取り消すことができない。

答え

問 002
意思能力を欠く者がした法律行為は、取り消すことができる。

答え

問 003
成年後見人が成年被後見人に代わって成年被後見人が居住する不動産を売却する場合、家庭裁判所の許可を得なければならず、家庭裁判所の許可がないときには、当該契約は無効となる。

答え

問 004
成年被後見人が成年後見人の同意を得て土地を売却する意思表示を行った場合、成年後見人は、当該意思表示を取り消すことができない。

答え

3章

5W1H＋数字
ひっかけ問題集

Who &
Whom

What

When

Where

How

数字の
ひっかけ

問 001　答え　○

　営業を許された未成年者は、その営業に関しては大人扱いです。そのため、契約の取消しはできません。なお、営業に関しない契約に関しては未成年者として扱うため、原則どおり取消しができます。

問 002　答え　×

　意思能力を欠く者とは、判断能力がない赤ちゃんや泥酔者、認知症の者などをいいます。そうした者がした契約は、取り消すまでもなく初めから無効です。

問 003　答え　○

　成年後見人が、成年被後見人に代わって居住用不動産を売却する場合、家庭裁判所の許可を得なければなりません。そして、この許可は契約の効力発生要件とされているため、家庭裁判所の許可がない場合、この契約は無効となります。

問 004　答え　×

　成年被後見人は、日用品の購入その他日常生活に関する行為以外は、すべて取り消すことができます。たとえ、成年後見人の同意を得ていたとしても、同じです。

　成年後見人が事前の同意をしたとしても、成年被後見人がその同意通りの契約をしてくることはほぼ期待できないため、成年後見人には同意権がありません。

問 005 本人以外の者の請求により保佐開始の審判をするには、本人の同意がなければならない。

答え

問 006 家庭裁判所は、補助開始の審判をするときは、職権で、必ず補助人を選任する。

答え

問 007 Ａ所有の甲土地についてのAB間の売買契約が、ＡとＢとで意を通じた仮装のものであった場合、Ａの売買契約の動機が債権者からの差押えを逃れるというものであることをＢが知っていた場合には、AB間の売買契約は有効に成立する。

答え

問 008 Ａが、その所有地について、債権者Ｂの差押えを免れるため、Ｃと通謀して、登記名義をＣに移転し、Ｃは、その土地をＤに譲渡した。Ｄは善意であったが、AC間の事情を知らなかったことにつき過失があるときは、ＡはＤに対してこの土地の所有権を主張することができる。

答え

3 章

5W1H+数字
ひっかけ問題集

Who &
Whom

What

When

where

How

数字の
ひっかけ

問 005　答え　×

保佐開始の審判の場合には、本人の同意は不要です。ちなみに、本人以外の者の請求により補助開始の審判をするには、本人の同意がなければなりません。

問 006　答え　○

補助開始の審判をしておいて保護者をつけない、というのは意味がないので、必ず補助人がつきます。

「必ず」と来たら×というテクニックはたしかにありますが、足元をすくわれないようにしてくださいね。

問 007　答え　×

虚偽表示による契約は無効です。善意の第三者が出てきた場合には対抗できないという規定はありますが、この問題では第三者が出てこないので関係ありません。無効なものは無効です。

問 008　答え　×

虚偽表示による無効は、善意の第三者に主張することはできません。これは文字どおり、「善意」なら第三者の勝ちということを意味します。過失があってもなくても関係ありません、善意ならDの勝ち確定です。

問 009 Ａ所有の甲土地につき、ＡとＢとの間で売買契約が締結された場合、Ｂが、第三者であるＣから甲土地がリゾート開発される地域内になるとだまされて売買契約を締結したときには、ＡがＣによる詐欺の事実を知っていたとしても、Ｂは本件売買契約を詐欺を理由に取り消すことはできない。

答え

問 010 Ａが、第三者Ｃの強迫により、Ａ所有の甲土地につきＢとの間で売買契約を締結した場合、Ｂがその事実を知らなかったときでも、ＡはＢの本件売買契約を強迫を理由に取り消すことができる。

答え

3 章

5W1H＋数字
ひっかけ問題集

Who&
Whom

What

When

where

How

数字の
ひっかけ

問 009　答え　×

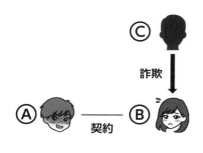

Bは、CにだまされてA
と契約をしています。この
ように当事者以外の者から
だまされることを第三者に
よる詐欺といいます。

この場合、Aが悪意な
ら、Bは契約を取り消すこ
とができます。

問 010　答え　○

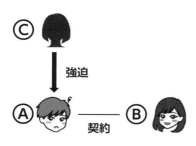

Aは、Cにおどされて
Bと契約させられています。
この場合、強迫の被害者で
あるAは、たとえBが善
意であったとしても、契約
を取り消すことができます。

| 問 011 | AがB所有の建物の売却についてBから代理権を授与されている場合、Aが、Bの名を示さずCと売買契約を締結した場合には、Cが売主はBであることを知っていても、売買契約はAC間で成立する。 |

答え

| 問 012 | Aが、A所有の甲土地の売却代理権をBに授与し、Bが代理人として甲土地をCに売却したが、Bは未成年者であった場合、Aが、Bは未成年者であるということにつき善意無過失であったときには、Aはその売買契約を取り消すことができる。 |

答え

| 問 013 | AがBからB所有地の売却の代理権を与えられている場合、Aは、Bの同意がなければ、自ら買主となることができない。 |

答え

3章

5W1H+数字
ひっかけ問題集

Who&
Whom

What

When

where

How

数字の
ひっかけ

問011　答え　×

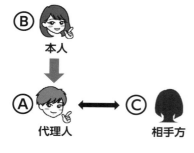

B
本人

A
代理人

C
相手方

AC間ではなく、BC間で契約が成立します。

代理人Aが、「私は代理人です」と言い忘れてしまったケースです。この場合、相手方Cが「この人は代理人だな」と知っていた場合には、本人Bと相手方Cとの間で契約が成立します。

問012　答え　×

制限行為能力者であっても、代理人となることができます。また、本人は代理人が制限行為能力者であることを理由に、その契約を取り消すことはできません。

本問のように「本人が善意無過失」であったとしても、この結論は変わりません。

問013　答え　○

自己契約は原則禁止です。Aは、売主であるBの代理人ですから、Aが買主になることはできません。

売主側の人間である以上、自分が買主になることはできないということですね。

ＡがＡ所有の甲土地の売却に関する代理権をＢに与えた場合、Ｂが売主Ａの代理人であると同時に買主Ｄの代理人としてＡＤ間で売買契約を締結するとき、あらかじめ、ＡおよびＤの承諾を受けていれば、ＤはＡに対し、甲土地の引渡しおよび所有権移転登記の請求をすることができる。

答え

買主Ａが、Ｂの代理人Ｃとの間でＢ所有の甲地の売買契約を締結した場合、Ｂが従前Ｃに与えていた代理権が消滅した後であっても、Ａが代理権の消滅について善意無過失であれば、当該売買契約によりＡは甲地を取得することができる。

答え

3章

5W1H＋数字
ひっかけ問題集

Who&
Whom

What

When

where

How

数字の
ひっかけ

問014　答え　○

売主買主双方の代理人となることは原則として禁止されていますが、本人があらかじめ許諾した行為については例外的に許されます。本問では、「あらかじめ、AおよびDの承諾を受けていれば」とあるため、有効な代理行為となります。

そして、代理行為が有効ということは、買主であるDは土地の引渡しや登記を請求することができるということです。

問015　答え　○

代理権が消滅した時点で、Cは代理人ではないはずなのですが、代理人のフリをしてAと契約をしてしまいました。この場合、Aが善意無過失であれば、代理権消滅後の表見代理が成立します。

したがって、この契約は有効となるので、買主であるAは甲地を取得することができます。

| 問 016 | 無権代理人Ｂが、Ａの代理人と称して、Ｃとの間でＡが所有する甲土地の売買契約を締結した場合で、Ｂの死亡により、ＡがＢの唯一の相続人として相続したとき、ＡがＢの無権代理行為の追認を拒絶しても信義則には反せず、ＡＣ間の売買契約が当然に有効になるわけではない。 |

答え

3章

5W1H＋数字ひっかけ問題集

Who&Whom

What

When

where

How

数字のひっかけ

問016 　答え ○

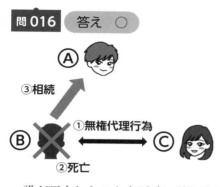

③相続

①無権代理行為

②死亡

Ⓐ Ⓑ Ⓒ

　誰が死亡したのかを正確に読み取りましょう。本問では、無権代理人の死亡により、本人が無権代理人を唯一の相続人として相続した場合、本人は追認を拒絶することができます。Cから土地の引渡し等を求められても、Aとしては、「Bが勝手にやったことなので……」という気持ちになりますよね。そもそも、無権代理の場合、本人は追認の拒絶をすることができます。そしてそのことは、たとえ無権代理人が死んでしまったとしても変わりません。

　したがって、本問の場合、本人としては追認を拒絶することができるため、AC間の売買契約が当然に有効になるわけではありません。

　ちなみに、「信義則」という言葉がありますが、「常識」と読み替えてしまってかまいません。語弊がなくはないですが、問題文は読みやすくなると思います。

問 017 無権代理人Bが、Aの代理人と称して、Cとの間で Aが所有する甲土地の売買契約を締結した場合で、 Aの死亡により、BがAの唯一の相続人として相続したと き、Bの無権代理行為は当然に有効となる。

答え

3章

5W1H+数字 ひっかけ問題集

Who&Whom

What

When

where

How

数字の ひっかけ

問 017　答え ○

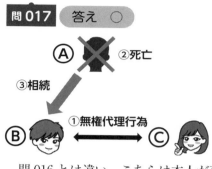

問 016 とは違い、こちらは本人が死亡したケースです。

こうした問題は、まず前提条件を確認しましょう。

そもそも B は、A の土地を、A の代理人のフリをして勝手に売却しています。そのあと B は、たまたま A が死亡したことで、相続によりその土地を手に入れました。

仮に、B が「本人 A の地位を相続したので、私の無権代理行為の追認を拒絶します！」と言ったらどうでしょう。どう考えてもおかしいですよね。相手方 C からしてみれば、「いや、お前が代理人のフリをして、この土地を私に売ったんじゃないか！」という気持ちになるはずです。

そこで裁判所は、このような場合に無権代理人が追認を拒絶することは、信義則に反し許されない、という結論を出しました。つまり、常識に反しているから許されない、ということです。B としては追認の拒絶ができないため、この契約は有効となります。

問 **018** 無権代理人Ｂが、Ａの代理人と称して、Ｃとの間でＡが所有する甲土地の売買契約を締結した場合で、Ａの死亡により、ＢがＤとともにＡを相続した場合、ＤがＢの無権代理行為を追認しない限り、Ｂの相続分においても、ＡＣ間の売買契約が当然に有効になるわけではない。

答え

3章

5W1H+数字
ひっかけ問題集

Who&
Whom

What

When

where

How

数字の
ひっかけ

問 018 答え ○

本人死亡のケースですが、相続人が複数いるという点が問017との違いです。

この場合、無権代理人以外の相続人全員が追認しない限り、無権代理人

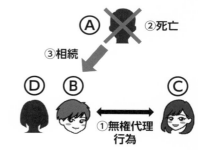

の相続分においても有効とはなりません。

このケースでは、「Cさんがかわいそう」と考える受験生が多いです。ただ実は、「Bの相続分については当然に有効」となってしまうと、Cさんにとってつらい結果となってしまうのです。というのも、Cさんとしてはこの土地を自分ひとりで使えるものと考えて買っているはずです。「BはAの代理人」と聞いて、Bと契約しているわけですから。

この状態で仮にBの持分については有効となった場合、買主としての代金債務が発生しますから、CはBに代金を払わなければなりません。しかも、土地はDとCの共有になってしまいます。自分ひとりで使えると思って買ったのに、見ず知らずのDと共有になる上に、代金も払わないといけない……。これはCにとってつらすぎますよね。ですから、DがBの無権代理行為を追認しない限り、Bの相続分においても、AC間の売買契約が当然に有効になるわけではないのです。

問019 Ａ所有の土地を、Ｂが平穏・公然・善意・無過失に所有の意思を持って８年間占有し、ＣがＢから土地の譲渡を受けて２年間占有した場合、当該土地の真の所有者はＢではなかったとＣが知っていたとしても、Ｃは10年の取得時効を主張できる。

答え

問020 Ｂが期間を定めずに、Ａから甲土地を借りて利用していた場合、Ｂの占有が20年を超えれば、Ｂは甲土地の所有権を時効取得することができる。

答え

問021 Ｂが、所有の意思を持って、平穏・公然・善意・無過失でＡ所有の甲土地を７年間占有しており、引き続き３年間Ｃに賃貸していた場合、Ｃは甲土地の取得時効を主張できない。

答え

問022 Ａ、ＢおよびＣが、持分を各３分の１として甲土地を共有している場合、甲土地全体がＥによって不法に占有されているときには、Ａは単独でＥに対して、Ｅの不法占有によってＡ、ＢおよびＣに生じた損害全額の賠償を請求できる。

答え

3
章

5
W
1
H
+
数字
ひっかけ問題集

Who &
Whom

What

When

Where

How

数字の
ひっかけ

問 019　答え　○

　占有者は、前主の占有を併せて主張することができます。
Ｃは、①占有をはじめた時に善意無過失であったこと、②8
年間占有し続けていること、この2つの状態を前主であるＢ
から引き継ぐことができます。これにより、たとえＣ自身
が悪意であったとしても、Ｃは10年の取得時効を主張する
ことができるのです。

問 020　答え　×

　「借りて利用している」とあるため、何年使い続けたとし
ても、Ｂは所有権を時効取得することはできません。「借り
パクはできない」と覚えてください。

問 021　答え　○

　この場合、Ｂは甲土地の取得時効を主張できます。

　もっとも、Ｃはこの土地を借りて使っているだけ。そのた
め、Ｃがこの土地を時効によって取得することはできません。

問 022　答え　×

　Ａ単独では損害全額の賠償を請求することはできません。

　Ａ単独で請求できるのは、Ａの持分である3分の1まで
です。もちろん、ABC3人全員で請求する場合には、損害
全額の賠償を請求できます。

問 023 AがBに対し弁済期にある貸金債権を有しており、BはAに対して身体の侵害による損害賠償債権を有している場合、Bは相殺の援用をすることができる。

答え

問 024 AがBに建物を賃貸している場合、通常の使用および収益によって生じた賃借物の損耗がある場合、賃貸借が終了したときは、賃貸人Aが、その損傷を原状に復する義務を負う。

答え

3章

5W1H+数字
ひっかけ問題集

Who&Whom

What

When

where

How

数字のひっかけ

問 023　答え ○

この場合、Bは相殺できますが、Aから相殺することはできません。

悪意による不法行為に基づく損害賠償の債務や、人の生命または身体の侵害による損害賠償債務の債務者から

Ⓐ 加害者　相殺✕
貸金債権 →
← 身体の侵害による損害賠償債権
Ⓑ 被害者　相殺○

相殺をすることはできません。簡単に言えば、加害者から相殺することはできないということです。

もっとも、債権者からの相殺はできます。要するに、被害者から相殺することは可能です。

問 024　答え ○

通常損耗を負担するのは、賃貸人Aです。通常の使用については、借主は負担しなくてよいのが民法上の原則です。

問 025 AがBに対して有する貸金債権をCに譲渡した場合、CがBに対して通知をしたときには、Cは当該債権譲渡をBに対して対抗することができる。

答え

問 026 Aが自己所有の甲建物をBに賃貸し、引渡しを済ませ、敷金50万円を受領している場合、Aが甲建物をCに譲渡し、所有権移転登記を経たときには、敷金が存在する限度においても、敷金返還債務はAからCに承継されない。

答え

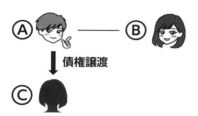

Cからの通知ではなく、Aからの通知が必要です。

債務者の立場で考えてみてください。あなたがAさんからお金を借りている状態で、Cさんから「債権が譲渡されたので、私に払ってください」と言われたら、「詐欺だ！」と思いますよね。

ですから、債権の譲受人からではなく、譲渡人、つまり前の債権者からの通知が必要です。

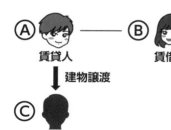

問 026　答え　×

大家さんが変わったケースです。この場合、敷金は新しい大家さんに引き継がれます。

敷金は、賃貸借契約が終了した後に精算をして、余っていれば返ってくるお金です。新しい大家さんに引き継がれていないと精算ができないため、承継されます。

問 027 Ａが自己所有の甲建物をＢに賃貸し、引渡しを済ませ、敷金20万円を受領している場合、ＢがＡの承諾を得て賃借権をＤに移転するとき、賃借権の移転合意だけでは、敷金返還請求権（敷金が存在する限度に限る）はＢからＤに承継されない。

答え [　　]

問 028 Ａには配偶者Ｂ、Ｂとの子ＣおよびＤがおり、Ｄには配偶者Ｅ、Ｅとの子Ｆがいる。ＤがＡに対して虐待をしていたため、ＡはＤを廃除していた。この状態でＡが死亡した場合、Ａの相続人となるのは、Ｂ・Ｃ・Ｆである。

答え [　　]

3 章

5W1H＋数字
ひっかけ問題集

Who＆
Whom

What

When

where

How

数字の
ひっかけ

問 027　答え ○

賃貸人（A）　──　（B）賃借人

貸借権譲渡

（C）

借主が変わったケースでは、敷金は新しい借主に承継されません。新しい借主がちゃんと自分で敷金を入れないといけないということですね。

問 028　答え ○

廃除によってDは相続人になれませんが、Dの子であるFには「代襲相続」の権利が発生します。したがってFはDの代わりに相続できますから、Aの相続人となるのは、B・C・Fです。

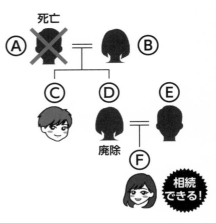

| 問 029 | Aには配偶者B、Bとの子CおよびDがおり、Dには配偶者E、Eとの子Fがいたところ、Dは令和5年4月21日に死亡した。Aが令和5年10月21日に死亡した場合において、Aが生前、「A所有の全財産についてDに相続させる」旨の遺言をしていたとき、特段の事情がない限り、Fが代襲相続により、Aの全財産について相続する。 |

答え ☐

| 問 030 | Aは未婚で子供がなく、父親Bと母親Cはすでに死亡している。AにはBとCの実子である弟Dがいる。Aがすべての財産を第三者Gに遺贈する旨の遺言を残して死亡した場合、DはGに対して遺留分侵害額に相当する金銭の支払いを請求することはできない。 |

答え ☐

| 問 031 | A社に雇用されているBが勤務中にA社所有の乗用車を運転していたところ、C社に雇用されているDが勤務中に運転するC社所有の乗用車と交通事故を起こし、歩いていたEに危害を加えた。A社・C社のいずれにも使用者責任が成立する場合において、A社がEに対して損害を賠償した場合、B・C社・Dいずれにも求償することができる。 |

答え ☐

3章

5W1H＋数字
ひっかけ問題集

Who&
Whom

What

When

where

How

数字の
ひっかけ

問029　答え　×

死亡した人への遺贈は基本的に無効です。

本問の場合、遺言者Aが死亡したのが10月21日、Dが死亡したのは4月21日です。言い換えれば、Aが死亡した時点で、Dはもうこの世にいません。この世にいない人への遺贈なんて不可能なので、基本的にこの遺贈は効力を生じません。無効な以上、代襲相続ということもありえないため、Fが自動的に全財産を相続するという点が誤りです。

問030　答え　○

兄弟姉妹は遺留分を有しません。

したがって、弟Dは遺留分侵害額に相当する金銭の支払いを請求することはできません。

問031　答え　○

A社が損害賠償をした場合には、従業員であるBだけでなく、C社やその従業員Dに対しても求償することができます。

もちろん、金額は信義則上相当な限度に限られますが、求償自体はできるので、○です。

| 問 032 | Ａが自己所有の建物をＢに賃貸していた場合、その建物の塀に瑕疵があり、その瑕疵により塀が倒壊し |

Ａが自己所有の建物をＢに賃貸していた場合、その建物の塀に瑕疵があり、その瑕疵により塀が倒壊し通行人Ｃがケガをしたときは、まずＡが被害者であるＣに対してその損害を賠償する責任を負うが、Ａが損害の発生を防止するのに必要な注意をしたときは、実際に建物を使っていたＢがその損害を賠償しなければならない。

答え

借地借家法

問 033

借地権者が賃借権の目的である土地の上の建物を第三者に譲渡しようとする場合において、その第三者が賃借権を取得しても借地権設定者に不利となるおそれがないにもかかわらず、借地権設定者がその賃借権の譲渡を承諾しないときは、裁判所は、借地権者の申立てにより、借地権設定者の承諾に代わる許可を与えることができる。

答え

問032 答え ×

順番が逆です。まず占有者であるBが責任を負いますが、必要な注意をしていたときには責任を免れます。

この場合、所有者であるAが責任を負うこととなります。

問033 答え ○

建物を譲渡しようとしている

第三者

土地賃貸

地主
（借地権設定者）

借地権者

裁判所に申し立てるのは第三者ではなく、借地権者です。

問題文に、「借地権者が…建物を第三者に譲渡しようとする場合」とあります。これから建物を譲渡しようとしていることから、この段階では、まだ建物の所有者は借地権者です。

第三者は、この家を譲り受けようとしているだけ。つまり、まだ所有権を持っているわけではないため、赤の他人です。ですから、裁判所に申し立てることができるのは、建物所有者である借地権者となります。第三者ではありません。

誰が建物の所有者なのかを
見極めましょう！

問 034　第三者が賃借権の目的である土地の上の建物を取得した場合において、借地権設定者が賃借権の譲渡または転貸を承諾しないときは、借地権者は、借地権設定者に対し、建物を時価で買い取るべきことを請求することができる。

答え

問 035　第三者Cが土地賃借権の目的である土地の上の建物を競売によって取得した場合、借地権設定者Bが土地賃借権の譲渡または転貸を承諾しないときは、借地権者Aは、借地権設定者に対して、建物を買い取るよう請求することができる。

答え

3 章

5W1H＋数字
ひっかけ問題集

Who &
Whom

What

When

Where

How

数字の
ひっかけ

問 034　答え　×

買取請求ができるのは、借地権者ではなく第三者です。

土地賃貸

地主
（借地権設定者）

借地権者

第三者

取得した

問 033 との違いをしっかり読み取ってください。問題文の冒頭に、「第三者が賃借権の目的である土地の上の建物を取得した」とあり、建物の所有者はすでに、借地権者から第三者に移っています。

そこで、「私の建物を買い取って」と言えるのは、当然所有者である第三者となります。借地権者はすでに建物の所有権を失っているため、「買い取って！」なんて言える立場ではありません。

問 035　答え　×

誰が所有者かに着目して読むと、「第三者 C が……建物を競売によって取得した場合」と書いてあります。「取得した」ということは、所有者は第三者 C です。もはや借地権者 A は所有者ではありません。所有者でない者が「買取請求」なんてできるはずがないため、誤りです。

> 結局のところ、「建物の所有者」が権利を行使できることになります。

区分所有法

問 036 管理者は、区分所有者でなければならない。

答え

問 037 共用部分の保存に関する行為は、規約に別段の定めがない限り、集会の決議を経ずに各共有者が単独ですることができる。

答え

問 038 区分所有者の承諾を得て専有部分を占有する者は、会議の目的たる事項につき利害関係を有する場合には、集会に出席して議決権を行使することができる。

答え

3章

5W1H＋数字
ひっかけ問題集

Who&Whom

What

When

where

How

数字の
ひっかけ

問 036　答え　×

　管理者は、そのマンションの住人以外がなることもできます。実際に、マンションの管理会社が管理者となっている事例も存在します。

問 037　答え　○

　保存行為は単独で可能で、決議は不要です。

　たとえば、共用部分の窓ガラスが割れていた場合、発見した人が単独で直すことができます。集会の決議は不要です。

問 038　答え　×

　この場合、占有者は集会に出席して意見を述べることはできますが、議決権を行使することはできません。

　たとえば、ペット可の分譲マンションの1室を所有しているAさんが、Bさんにこの部屋を賃貸していたとしましょう。Bさんはこの部屋でネコを飼っています。

　この状態で、「ペット不可」に規約を変更しようとするときには、Bさんは集会に出席して意見を述べることはできます。

　しかし、議決権、つまり票を持っているのはあくまでこの部屋の所有者であるAさんです。なので、Bさんは投票をすることはできません。

法令上の制限　問題

都市計画法

問 039　地区計画の区域のうち地区整備計画が定められている区域内において、建築物の建築等の行為を行おうとする者は、原則として、当該行為に着手する日の30日前までに、行為の種類、場所等を都道府県知事に届け出なければならない。

答え ▢

問 040　市町村は、都市計画を決定しようとするときは、あらかじめ都道府県知事に協議をしなければならないが、その際、市は知事の同意を得る必要はなく、町村は同意を得る必要がある。

答え ▢

問 041　市町村が定めた都市計画が、都道府県が定めた都市計画と抵触するときは、その限りにおいて、都道府県が定めた都市計画が優先する。

答え ▢

問 042　都市計画施設の区域または市街地開発事業の施行区域において建築物の建築をしようとする者は、一定の場合を除き、市町村長の許可を受けなければならない。

答え ▢

問 039　答え　×

都道府県知事に対してではなく、市町村長に届出をします。

地区計画とは、地域密着型のコンパクトな再開発のことです。そのため知事ではなく、より地域に根ざした市町村長に対して届け出ることになっています。

問 040　答え　×

あくまで条文上の話ではありますが、市町村は知事と協議をしておけば、仮に同意を得られなくても都市計画を決めていいことになっています。

以前は町村に限って県知事の同意が必要でしたが、2020年6月10日施行の法改正で、町村も知事同意が不要となりました。

問 041　答え　○

この場合、都道府県が定めた都市計画が優先します。都道府県のほうが、より広域的な視点に立っているからです。

問 042　答え　×

市町村長ではなく、都道府県知事の許可です。

都市計画法は出題のほとんどが「知事の許可」となっています。惑わされないようにしましょう。

問043 2以上の都道府県にまたがる開発行為を行おうとする場合、国土交通大臣の許可を受けなければならない。

答え ▢

問044 開発許可を受けた開発行為により公共施設が設置された場合、他の法律に基づく管理者が別にあるときまたは協議により管理者について別段の定めをしたときを除き、その公共施設の存する都道府県が管理することとされている。

答え ▢

国土利用計画法

問045 国土利用計画法第23条の届出（事後届出）は、市町村長に届け出ることとされている。

答え ▢

問046 市街化区域においてAが所有する面積3,000㎡の土地について、Bが購入した場合、AおよびBは事後届出を行わなければならない。

答え ▢

3章

5W1H+数字
ひっかけ問題集

Who &
Whom

What

When

where

How

数字の
ひっかけ

問 043　答え　×

　開発許可は、都道府県知事が出します。県をまたいだとしても、結論は変わりません。

問 044　答え　×

　公共施設は、原則市町村が管理します。

　ちなみに、「他の法律に基づく管理者が別にあるとき」とは、たとえば道路法という法律には「国道は国が管理する」という規定がありますが、このときには市町村ではなく国が管理するという意味です。

問 045　答え　×

　事後届出は、市町村長を経由して、都道府県知事に届け出ることとされています。

問 046　答え　×

　事後届出をするのは、権利取得者です。土地を新しく手に入れた人が届出をするということです。したがって、Bが届出をすることとなります。Aは届出をする必要はありません。

土地区画整理法

問 047 施行者は、施行地区内の宅地について換地処分を行うため、換地計画を定めなければならない。この場合において、当該施行者が土地区画整理組合であるときは、その換地計画について市町村長の認可を受けなければならない。

答え

問 048 施行者が国土交通大臣のときは、換地計画について都道府県知事の認可を受ける必要はない。

答え

問 049 土地区画整理組合は、仮換地を指定しようとする場合においては、あらかじめ、その指定について、土地区画整理審議会の意見を聴かなければならない。

答え

問 050 仮換地の指定を受けた場合、その処分により使用し、または収益することができる者のなくなった従前の宅地は、当該処分により当該宅地を使用し、または収益することができる者のなくなった時から、換地処分の公告がある日までは、市町村が管理するものとされている。

答え

3章

5W1H＋数字
ひっかけ問題集

Who&Whom

What

When

where

How

数字のひっかけ

問 047　答え　×

　必要なのは都道府県知事の認可です。施行者が個人施行者や土地区画整理組合であるときは、その換地計画について都道府県知事の認可を受けなければなりません。

問 048　答え　○

　換地計画について都道府県知事の認可を受けなければならないのは、施行者が都道府県・国土交通大臣以外のときです。

　したがって、国土交通大臣が施行者のときは、知事の認可を受ける必要はありません。

問 049　答え　×

　土地区画整理組合は、仮換地を指定しようとする場合においては、あらかじめ、その指定について、総会等の同意を得なければなりません。なお、土地区画整理審議会は公的施行の場合に設置される機関です。組合のように、民間施行の場合には設置されません。

問 050　答え　×

　市町村ではなく、施行者が管理します。

　仮換地の場面というのは、全体としてはまだ工事が終わっていない状態ということです。そのため、現場を統括している施行者が管理したほうが都合がいいのです。

宅建業法　問題

問 051 社会福祉法人が、高齢者の居住の安定確保に関する法律に規定するサービス付き高齢者向け住宅の貸借の媒介を反復継続して営む場合は、宅地建物取引業の免許を必要としない。

答え

問 052 破産管財人が、破産財団の換価のために自ら売主となって、宅地または建物の売却を反復継続して行う場合、破産管財人は免許を受ける必要はない。

答え

問 053 破産管財人が、破産財団の換価のために自ら売主となって、宅地または建物の売却を反復継続して行い、その媒介を E に依頼する場合、E は免許を受けなければならない。

答え

解　説

問 051　答え　×

社会福祉法人であっても、宅建業を営む場合には免許が必要です。

問 052　答え　○

破産管財人は免許を受ける必要はありません。

そもそも破産管財人は、破産した財産を売却して借金回収をはかることが仕事です。当然売却することが前提ですし、裁判所が選任するという点からも、免許を受ける必要はないとされています。

問 053　答え　○

媒介業者Eはもちろん免許が必要です。

問題文に登場人物が、売主である破産管財人、媒介業者E、買主の3人いることに気づけたでしょうか。

たしかに、破産管財人は免許不要です。もっとも、その間にはい

る媒介業者Eは、免許を取らないといけません。誰について問われているのかを冷静に読み取っていきましょう。

問054 G社（甲県知事免許）は、H社（国土交通大臣免許）に吸収合併され、消滅した。この場合、H社を代表する役員Iは、当該合併の日から30日以内にG社が消滅したことを国土交通大臣に届け出なければならない。

答え

 問055 宅地建物取引業を営もうとする者は、株式会社の監査等に関する商法の特例に関する法律に規定する大会社の場合においては、国土交通大臣の免許を受けなければならない。

答え

 問056 信託業法第3条の免許を受けた信託会社から依頼を受けて、宅地の売却の媒介を業として営む者は、免許を必要としない。

答え

問057 法人である宅地建物取引業者A社（甲県知事免許）が解散した場合、A社の代表役員は、その日から30日以内に、その旨を甲県知事に届け出なければならない。

答え

3章

5W1H+数字
ひっかけ問題集

Who &
Whom

What

When

where

How

数字の
ひっかけ

問 054　答え　×

吸収された側の元社長が届け出ます。

G社がH社に飲み込まれて消滅した場合、G社の代表役員であった者が、G社の廃業等の届出をすることとなります。

問 055　答え　×

すべての事務所がひとつの都道府県内にある場合には、知事免許となりますし、複数の都道府県に事務所があるなら大臣免許です。大会社であるかは関係ありません。

問 056　答え　×

信託会社は免許不要ですが、信託会社から依頼を受けて宅建業を営む者は免許を取らなければなりません。「誰」について問われているのかを正確に読み取っていきましょう。

問 057　答え　×

会社が自主解散をしたケースです。この場合の届出は代表役員ではなく、解散に伴い選任された清算人が行います。

問 058 宅地建物取引業に係る営業に関し成年者と同一の行為能力を有しない未成年者は、資格試験に合格をし、実務経験が2年以上ある場合であっても、宅地建物取引士になることができない。

答え

3
章

5
W
1
H
＋
数
字

ひ
っ
か
け
問
題
集

Who
＆
Whom

What

When

where

How

数字の
ひっかけ

問 058　答え　○

　成年者と同一の行為能力を有しない未成年者は、宅建士登録の欠格事由に該当します。つまり、宅建士にはなれません。

　もちろん、成年者と同一の行為能力を有する未成年者であれば、宅建士になれます。親に「同意書」を書いてもらうだけで、「有する未成年者」になれるため、その場合には宅建士登録ができます。

　なお、免許の規定と混同しやすいところなので気を付けてください。成年者と同一の行為能力を有しない未成年者が免許を受ける場合、親へのダブルチェックが入ります。未成年者自身と親をチェックして、問題がなければ免許をもらうことができます。

・成年者と同一の行為能力を有しない未成年者

宅建士登録	不可
免許	本人と親が問題なければ、OK

　また、2022 年の改正により、成人年齢が 18 歳に引き下げられました。18 歳になれば成人です、未成年者ではなくなるので、注意してください。

| 問 059 | 乙県知事から宅地建物取引士証の交付を受けている宅地建物取引士が、宅地建物取引士証の有効期間の更新を受けようとするときは、乙県知事に申請し、その申請前6月以内に行われる国土交通大臣の指定する講習を受講しなければならない。 |

答え

| 問 060 | 宅地建物取引士資格試験に合格した者で、宅地建物の取引に関し2年以上の実務経験を有するもの、または都道府県知事がその実務経験を有するものと同等以上の能力を有すると認めた者は、法第18条第1項の登録を受けることができる。 |

答え

| 問 061 | 甲県知事の宅地建物取引士資格登録を受けているAについて破産手続開始の決定があった場合、その日から30日以内に、破産管財人は甲県知事にその旨の届出をしなければならない。 |

答え

3章

5W1H+数字
ひっかけ問題集

Who &
Whom

What

When

where

How

数字の
ひっかけ

問 059 答え ×

宅建士証を受け取るときに受講する法定講習は、都道府県知事の講習です。

問 060 答え ×

都道府県知事ではなく、国土交通大臣が実務経験を有するものと同等以上の能力を有すると認めた者です。登録実務講習は大臣の講習です。

問 061 答え ×

個人事業主として仕事をしている宅建士が破産した場合は、破産管財人ではなく本人が届出をします。

事由	届出義務者
宅建業者が破産	破産管財人
宅建士が破産	宅建士本人

ただし、宅建業者が破産した場合は、破産管財人が届出をします。この2つの違いを覚えておきましょう。

問 062 甲県知事の登録を受けている宅地建物取引士Bは、乙県内に本店がある宅地建物取引業者A社（国土交通大臣免許）に勤務している。Bが丙県知事から事務の禁止の処分を受けた場合、速やかに、宅地建物取引士証を国土交通大臣に提出しなければならない。

答え

問 063 宅地の売買の媒介を行う場合、法第35条に規定する重要事項について、売主および買主に対して、書面を交付して説明しなければならない。

答え

問 064 宅地建物取引業者Aは、宅地建物取引業の規定に基づき営業保証金を供託して営業している。Aとの取引により生じた内装工事業者の工事代金債権について、当該内装工事業者は、Aが供託している営業保証金から、その弁済を受ける権利を有しない。

答え

問 065 宅地建物取引業者は、新たに保証協会に社員として加入したときは、直ちに、その旨を当該宅地建物取引業者が免許を受けた国土交通大臣または都道府県知事に報告しなければならない。

答え

問 062　答え　×

　事務禁止処分を受けた宅建士は、宅建士証をその交付を受けた都道府県知事に提出しなければなりません。

　本問の場合、Bさんは甲県知事の登録を受けていることから、宅建士証は甲県知事から交付を受けていることがわかります。したがって、甲県知事に提出することとなります。

問 063　答え　×

　重要事項説明（重説）は買うかどうかの最終確認であるため、買主に対して行います。売主に対しては不要です。

問 064　答え　○

　営業保証金の還付を受けられるのは、宅建業に関する取引により生じた債権を有する者（宅建業者を除く）です。工事業者は還付を受けることはできません。

問 065　答え　×

　宅建業者ではなく、「うちにこんな業者が入ったよ」という感じで、保証協会が報告をします。

問066 宅地建物取引業者Ａ社（甲県知事免許）がマンション（700戸）を分譲するにあたり、宅地建物取引業者Ｂ社にマンションの販売代理を一括して依頼する場合、Ｂ社が設置する案内所について、Ａ社は法50条第2項の規定に基づく届出を行わなければならない。

答え

問067 建物の売買において、売主および買主が宅地建物取引業者である場合、売主は買主に対し、法第35条の2に規定する供託所等の説明をする必要はない。

答え

問068 宅地建物取引業者ＡがＢから自己所有の宅地の売買の媒介を依頼され、Ｂとの間で専任媒介契約を締結した場合、Ａは、宅地建物取引士に法第34条の2第1項の規定に基づき交付すべき書面に、当該宅地建物取引士をして記名押印させなければならない。

答え

問 066 　答え　×

　案内所の届出（50条2項の届出）は、案内所を設置する宅建業者が行います。問題文に「B社が設置する案内所」とあるため、B社が50条2項の届出を行います。

問 067 　答え　○

　宅建業者同士の取引の場合、供託所等に関する説明をする必要はありません。

問 068 　答え　×

　媒介契約書に記名・押印するのは宅建業者です。宅建士の記名・押印の必要はありません。宅建士の印鑑ではなく、会社の印鑑を押すということです。

問069　宅地建物取引業者Cが宅地の売却の媒介を行う場合、当該宅地を購入しようとする者が宅地建物取引業者であるときは、宅地建物取引業者Cは、売買契約が成立するまでの間に重要事項を記載した書面の内容を宅地建物取引士に説明させなければならないが、その書面を交付する必要はない。

答え

問070　法第37条の規定に基づく契約の内容を記載した書面に記名する宅建士は、法第35条の規定に基づく重要事項を記載した書面に記名した宅地建物取引士と同じ者である必要はない。

答え

問071　宅地建物取引業者Aが、自ら売主として宅地建物取引業者である買主Bとの間で建築工事完了前の建物（代金5,000万円）の売買契約を締結した場合、法第41条に規定する手付金等の保全措置を講じることなく、当該建物の引渡前に2,000万円を手付金として受領することができる。

答え

3
章

5
W
1
H
＋
数
字

ひ
っ
か
け
問
題
集

Who
&
Whom

What

When

where

How

数字の
ひっかけ

問 069 答え ✕

　重要事項説明の相手方が宅建業者であるときには、重要事項説明を省略できます。ただし、書面の交付を省略することはできません。

問 070 答え ◯

　35 条書面と 37 条書面に記名する宅建士は、別人でも問題ありません。もちろん、宅建士であれば、です。

問 071 答え ◯

　自ら売主となる場合の 8 種類の制限は、買主が宅建業者のときには適用されません。本問の場合、買主が宅建業者であるため、手付金等の保全措置の規定や手付金の額の制限に関する規定は適用されません。「買主が宅建業者」ひっかけは毎年出題されていますので、注意深く問題文を読み解いていきましょう。

例題
002

　宅地建物取引業者が保証協会に加入しようとするときは、当該保証協会に弁済業務保証金分担金を金銭または有価証券で納付しなければならない。

なにを

物に関するひっかけです。
他にも、「なにを説明する必要があるか」など、事項に関するひっかけが問われます。

注）この例題では問題を解くにあたり、ひっかけのヒントとなる考え方を解説しています。実際の問題文にはヒントは記載されていませんのでご注意ください。

3章

5W1H＋数字ひっかけ問題集

Who & Whom

What

When

where

How

数字のひっかけ

━━━━━ 解　説 ━━━━━

例題 002　　答え　×

　この問題では、「なにで」納付しなければならないかが問われています。

　宅建業者が保証協会に納付するものは、金銭でなければなりません。したがって、有価証券を納付することは認められていません。

　なお、保証協会が供託所に供託する場合には、金銭だけでなく、一定の有価証券で供託することも認められています。

　金銭なのか有価証券なのか、物に着目して冷静に正誤判断を行っていきましょう。

出題パターンを押さえれば、着眼点がわかります。その結果、素早く正確に正誤判断ができるようになります。

=== **民　法** ===

問 072
　Ａが、Ａ所有の甲土地にＢから借り入れた3,000万円の担保として抵当権を設定した後、甲土地上の建物が火災によって焼失してしまった場合、当該建物に火災保険が付されていたときでも、Ｂは、甲土地の抵当権に基づき、この火災保険契約に基づく損害保険金を請求することはできない。

答え

問 073
　Ｂが敷地賃借権付建物をＡから購入したところ、敷地の欠陥により擁壁に亀裂が生じて建物に危険が生じた場合、Ｂは、Ａに対し建物売主の契約不適合責任を追及することができる。

答え

問 072　答え　○

　土地と建物は別物です！　本問では、「甲土地に抵当権を設定」とあります。この状態で、建物の火災保険金に対して物上代位をすることはできません。

　建物に抵当権を設定していればよかったのですが、Bはあくまで土地に抵当権を設定しただけで、建物についてはなんら権利を持っていないため、火災保険には手を出せません。

問 073　答え　×

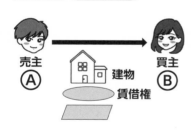

　Bがなにを購入したのかに着目して考えます。

　BはAから「敷地賃借権付建物」を購入しています。土地は購入していないので、土地に問題があっても、売主に対して責任追及することはできません。自分が買っていない物にクレームはつけられないですからね。

　なおこの場合でも、Bは土地の貸主に対して、賃貸借契約に基づいて責任追及ができます。

問074 倒壊しそうなA所有の建物や工作物について、Aが倒壊防止の措置を取らないため、Aの隣に住むBがAのために最小限度の緊急措置を取ったとしても、Aの承諾がなければ、Bはその費用をAに請求することはできない。

答え

問075 Aは、隣人Bの留守中に台風が接近して、屋根の一部が壊れていたB宅に甚大な被害が生じる差し迫ったおそれがあったため、Bからの依頼なくB宅の屋根を修理した。Aは、Bに対して、特段の事情がない限り、B宅の屋根を修理したことについて報酬を請求することができない。

答え

問076 AがBに甲建物を賃貸し、BがAの承諾を得て甲建物をCに適法に転貸している場合、AがBとの間で甲建物の賃貸借契約を合意解除したとき、AはCに対して、Bとの合意解除に基づいて、当然に甲建物の明渡しを求めることができる。

答え

3章

5W1H＋数字
ひっかけ問題集

Who＆
Whom

What

When

where

How

数字の
ひっかけ

問 074　答え　✕

契約上の義務がない状態で、他人のために事務を行うことを事務管理といいます。そして、本人のために有益な費用を支出した場合には、本人に対して償還を請求できます。

問 075　答え　○

この問題も事務管理の事案です。この場合、事務管理者であるＡは、特約がない限り報酬を請求できません。報酬と費用は別物なので、正確に区別しましょう。

問 076　答え　✕

合意解除では、転借人を追い出すことはできません。

転貸がなされているので、今現在この建物を使っているのはＣです。それなのに、ＡＢの2人だけで話を進めてはいけません。ちゃんとＣのことを考えてあげないといけないのです。

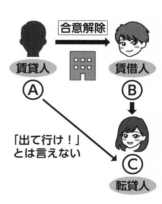

問 077 ＡがＢに甲建物を賃貸し、ＢがＡの承諾を得て甲建物をＣに適法に転貸している場合、ＡがＢの債務不履行を理由に甲建物の賃貸借契約を解除した場合、ＡはＣに対して、甲建物の明渡しを求めることができない。

答え ____

問 078 Ａが死亡し、相続人であるＤとＥにおいて、Ａの唯一の資産である不動産をＤが相続する旨の遺産分割協議が成立した場合、相続債務につき特に定めがなくても、Ａが負う借入金返済債務のすべてをＤが相続することになる。

答え ____

3章

5W1H＋数字
ひっかけ問題集

Who&
Whom

What

When

where

How

数字の
ひっかけ

問 077　答え ✕

　債務不履行解除の場合には、転借人を追い出すことができます。

　問題文の「Bの債務不履行」とは、Bが家賃を払っていないことを意味します。

　もはや大本であるAB間の信頼関係が崩壊しているため、Cはかわいそうですが、出て行かなくてはならないのです。

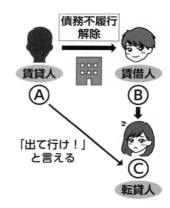

問 078　答え ✕

　相続財産は大きく分けて2種類あります。プラスの資産とマイナスの資産です。

　DEは遺産分割協議によって、プラスの財産である不動産をDが相続することとしました。ですが、マイナスの資産についての結論は出ていません。したがって、債務もすべてDが相続するとはいい切れません。

　「なにについての話し合いなのか」を読み取りましょう。

借地借家法

問 079　Ａが居住用の甲建物を所有する目的で、期間30年と定めてＢから乙土地を賃借した場合、Ａが地代を支払わなかったことを理由としてＢが乙土地の賃貸借契約を解除した場合、Ａは、Ｂに対し、建物を時価で買い取るべきことを請求することができる。

答え

問 080　Ａから甲建物を賃借しているＢが甲建物をＣに転貸しようとする場合において、Ｃが転借をしてもＡに不利となるおそれがないにもかかわらず、Ａが転貸を承諾しないときは、裁判所は、Ｂの申立てにより、Ａの承諾に代わる許可を与えることができる。

答え

問 081　借地権の当初の存続期間が満了する前に借地上の建物が滅失した場合、借地権者が借地権設定者の承諾なく無断で建物を再築した場合であっても、借地権設定者は、借地契約の解約の申入れをすることはできない。

答え

3章

5W1H＋数字
ひっかけ問題集

Who&
Whom

What

When

where

How

数字の
ひっかけ

問 079　答え ×

　債務不履行解除の場合、建物買取請求は認められません。

　建物買取請求は、借地権の存続期間が満了した場合において、契約の更新がないときに認められるものです。

　そもそも地代を払っていないのに「建物買い取れ」なんてむしがよすぎますから。

問 080　答え ×

　借地と異なり、借家の場合、裁判所に泣きつく制度はありません。たしかに借地だと、地主が承諾をしてくれないときには裁判所に泣きついていいというルールがあるのですが、本問で問題となっているのは建物です。したがって、裁判所に泣きつくことは認められていません。

問 081　答え ○

　借地権の当初の存続期間が満了する前（まだ一度も更新をしていない状態）において、借地上の建物が滅失した場合には、解約という言葉は出てきません。

　一度でも更新をしたなら、無断で再築すると解約されてしまうのですが、本問はまだ当初の存続期間が満了する前です。

　この場合には、借地権設定者（地主さん）は、借地契約の解約の申入れをすることができません。

問 082 事業用定期借地権が設定された借地上にある建物につき賃貸借契約を締結する場合、当該契約は公正証書によってしなければならない。

答え

3 章

5W1H+数字
ひっかけ問題集

Who & Whom

What

When

where

How

数字の
ひっかけ

問 082 答え ×

　問題となっているのがなにについての契約なのかを正確に
読み取りましょう。

　本問で問われているのは、「事業用定期借地権が設定され
た借地上にある建物」の賃貸借契約です。たしかに、事業用
定期借地権の設定自体は、公正証書でやらなくてはいけませ
ん。しかし、建物の賃貸借契約は、基本的に口頭でも成立し
ます。

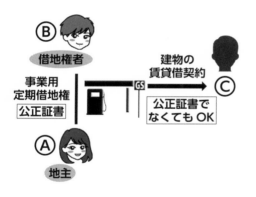

　たとえば、Aの土地についてBが事業用定期借地権を設
定する場合、公正証書によってしなければなりません。

　もっとも、その土地上にある建物（例：ガソリンスタンド
やコンビニなど）を賃貸する場合、普通の建物の賃貸借契約
なので、公正証書で行う必要はありません。AB間の契約は
公正証書が必要だけれど、BC間の契約は公正証書不要とい
うことです。

法令上の制限　問題

都市計画法

 問 083 市街化調整区域において、野球場の建設を目的とした 8,000㎡の土地の区画形質の変更を行おうとする者は、あらかじめ、都道府県知事の許可を受けなければならない。

答え

建築基準法

問 084 文化財保護法の規定によって重要文化財として指定された建築物の大規模の修繕をしようとする場合は、建築確認を受ける必要がない。

答え

問 085 商業地域内で、かつ、防火地域内にある耐火建築物については、建築物の容積率制限は適用されない。

答え

3章

ひっかけ問題集 5W1H＋数字

Who & Whom

What

When

where

How

数字のひっかけ

問 083　答え　×

野球場は、10,000㎡以上であれば開発行為に該当します。しかし、本問では8,000㎡とあるため、そもそも開発行為ではありません。ただの土木工事ということです。

開発許可とは、開発行為を行うときに必要となるものであるため、開発行為でない場合には不要です。そもそもの開発行為の定義を今一度しっかりと確認しておきましょう。

問 084　答え　○

重要文化財や国宝に指定された建築物には、建築基準法は適用されません。もし適用されるなら、京都や奈良は違法建築物だらけになってしまいます。

問 085　答え　×

容積率ではなく、建蔽率制限は適用されません。容積率と建蔽率は混同しやすいので、注意が必要です。

国土利用計画法

問 086 Bが行った事後届出に係る土地の利用目的について、都道府県知事が適正かつ合理的な土地利用を図るために必要な助言をした場合、Bがその助言に従わないときは、当該知事は、その旨および助言の内容を公表することができる。

答え

問 087 Aが所有する都市計画区域外の15,000㎡の土地をBに贈与した場合、Bは事後届出を行う必要はない。

答え

農地法

問 088 相続により農地を取得することとなった場合、法第3条第1項の許可を受ける必要がある。

答え

問 089 耕作目的で原野を農地に転用しようとする場合、法第4条第1項の許可は不要である。

答え

3章

5W1H+数字
ひっかけ問題集

Who&
Whom

What

When

where

How

数字の
ひっかけ

問 086 答え ×

　助言を無視しても、その旨が公表されることはありません。公表されることがあるのは、勧告に従わなかったときです。助言と勧告は法律上別物なので、区別して考えましょう。

問 087 答え ○

　土地の贈与を受けた場合、事後届出は必要ありません。

　国土利用計画法は、転売による不動産バブルを防ぐ法律です。贈与や相続など対価なしで土地を取得しただけなら土地の値段が高騰する心配もなく、届出不要となっています。

問 088 答え ×

　相続の場合、農地法の許可は不要です。

問 089 答え ○

　スタートが原野なので、許可は要りません。

　農地法は、この国から農地が減るのを防ぐための法律なので、畑をつぶすときに許可を受ける必要があるのです。

　しかし、本問のように原野を農地に転用する場合、農地は減らず、むしろ増えているので、許可は不要です。

宅建業法　問題

問 090　都市計画法に規定する用途地域外の土地で、倉庫の用に供されているものは、法第2条第1号に規定する宅地に該当しない。

答え ☐

問 091　Aの所有する商業ビルを賃借しているBが、フロアごとに不特定多数の者に反復継続して転貸する場合、AとBは宅地建物取引業の免許を受ける必要はない。

答え ☐

問 092　多数の顧客から、顧客が所有している土地に住宅や商業用ビルなどの建物を建設することを請け負って、その対価を得ているA社は、宅地建物取引業の免許を受ける必要はない。

答え ☐

問 093　免許を受けようとするA社に、刑法第208条（暴行）の罪により拘留の刑に処せられた者が役員として在籍している場合、その刑の執行が終わってから5年を経過していなければ、A社は免許を受けることができない。

答え ☐

解　説

問 090　答え　×

建物の敷地は宅地です！　建物の敷地に供されている土地は、たとえ用途地域外であっても宅地に該当します。倉庫は建物であることから、その下の土地は宅地に該当します。

問 091　答え　○

転貸も免許不要です！　転貸とは、借りているものを貸すことです。貸すという行為自体が宅建業ではないため、自分のものでも借りているものでも、貸すという行為に変わりはないため、どちらも免許は不要です。

問 092　答え　○

Ａ社が行っているのは建設業です。したがって、宅建業の免許は必要ありません。

問 093　答え　×

暴行の罪により拘留の刑に処せられた場合、欠格事由には該当しません。仮に、暴行の罪により罰金の刑に処せられていたら、罰金を納めた日から5年間欠格事由となっていました。しかし、拘留は罰金よりも軽いため、Ａ社は免許を受けることができます。なお、禁錮・懲役の実刑を受けた場合ももちろん欠格事由となります。

3章

5W1H＋数字
ひっかけ問題集

Who&Whom

What

When

where

How

数字のひっかけ

問 094 免許を受けようとするB社の取締役が、刑法第209条（過失傷害）の罪により罰金の刑に処せられた場合、罰金を納めた日から5年を経過していなければ、B社は免許を受けることができない。

答え

問 095 免許を受けようとするC社の代表取締役が、道路交通法違反により禁錮の刑に処せられ、その刑の執行が終わってから5年を経過していない場合、C社は免許を受けることができない。

答え

問 096 宅地建物取引業者A（甲県知事免許）が、免許の更新の申請を怠り、その有効期間が満了した場合、Aは、遅滞なく、甲県知事に免許証を返納しなければならない。

答え

問 097 宅地建物取引業者は、主たる事務所を移転したことにより、その最寄りの供託所が変更となった場合において、有価証券をもって営業保証金を供託しているときは、遅滞なく、費用を予納して、営業保証金を供託している供託所に対し、移転後の主たる事務所の最寄りの供託所への営業保証金の保管替えを請求しなければならない。

答え

3章

5W1H＋数字
ひっかけ問題集

Who & Whom

What

When

where

How

数字の
ひっかけ

問 094　答え　×

　過失傷害罪と傷害罪は別物です。過失傷害の罪により罰金の刑に処せられたとしても、その取締役は欠格事由とはなりません。したがって、B社は免許を受けることができます。

問 095　答え　○

　禁錮刑・懲役刑に処せられた場合には、犯罪に関係なく5年間欠格となります。

　刑法でも、道路交通法でも、禁錮以上の刑を受けてしまったら5年欠格です。

問 096　答え　×

　有効期間満了の場合、免許証を返納する必要はありません。なお、宅建士証は、有効期間満了の場合には返納する必要があります。

問 097　答え　×

　保管替え請求は金銭のみで供託している場合です。

　本問のように有価証券を供託している場合、保管替え請求ではなく新たに供託をしなければなりません。なにを供託しているのか、キーワードを意識して問題文を読んでいきましょう。

問 098	宅地建物取引業者が保証協会に加入しようとするときは、当該保証協会に弁済業務保証金分担金を一定の有価証券をもって納付することは認められておらず、金銭で納付しなければならない。

答え

問 099	法人である宅地建物取引業者Ａ（甲県知事免許）は、役員の住所について変更があった場合、その日から30日以内に、その旨を甲県知事に届け出なければならない。

答え

3章

5W1H+数字ひっかけ問題集

Who & Whom

What

When

where

How

数字のひっかけ

問 098　答え　○

供託所と異なり、保証協会は現金しか受け付けてくれません。有価証券での納付は認められていないのです。したがって、宅建業者が保証協会にお金を入れる際には、金銭で行う必要があります。

問 099　答え　×

役員の住所は宅建業者名簿には載っていません。

したがって、住所変更があったとしても、変更の届出は不要です。

問100 甲県知事登録を受けている者が、甲県から乙県に住所を変更した場合は、甲県知事に対して、遅滞なく住所の変更の登録を申請しなければならない。

答え

問101 宅地建物取引業者の従業者である宅地建物取引士は、取引の関係者から事務所で従業者証明書の提示を求められたときは、この証明書に代えて従業者名簿または宅地建物取引士証を提示することで足りる。

答え

3 章

5W1H＋数字
ひっかけ問題集

Who & Whom

What

When

where

How

数字の
ひっかけ

問 100 答え ○

住所は宅建士の資格登録簿に載っています。したがって、住所変更があった場合、遅滞なく変更の登録を申請する必要があります。

宅建業者の変更の届出と、本問の宅建士の変更の登録の混同を狙った問題は、過去何度も出題されています。

・登載事項の比較（抜粋）

宅建業者名簿	宅建士資格登録簿
商号・名称	氏名
役員・使用人の氏名	住所
事務所ごとに置かれる専任の宅建士の氏名	宅建業者で働いている場合 勤務先の商号・名称、免許書番号
事務所の名称・所在地	本籍

宅建業者名簿は会社の情報、宅建士の資格登録簿はそこで働いている宅建士の情報と考えてください。

問 101 答え ×

従業者証明書を見せてと言われているのですから、従業者証明書を見せなければなりません。違うものを見せても仕方がありませんから。

問 102 宅地建物取引業者が、宅地および建物の売買の媒介を行うに際し、媒介報酬について、買主の要望を受けて分割受領に応じることにより、契約の締結を誘引する行為は、法に違反しない。

答え[ ]

問 103 宅地建物取引業者Aが、BからB所有の宅地の売却に係る媒介を依頼され、AがBと専任媒介契約を締結した場合、Aは、当該宅地の売買契約が成立したときは、遅滞なく、登録番号・契約当事者の氏名・売買契約の成立した年月日を指定流通機構に通知しなければならない。

答え[ ]

問 104 宅地建物取引業者は、建物の貸借の媒介を行う場合、当該建物が既存の建物であるときは、設計図書、点検記録その他の建物の建築および維持保全の状況に関する書類で国土交通省令で定めるものの保存の状況について、法35条に規定する重要事項として説明しなければならない。

答え[ ]

問 102 答え ○

手付の分割払いはアウトですが、媒介報酬（仲介手数料のこと）の分割払いは宅建業法に違反しません。

問 103 答え ×

買主の氏名は通知する必要がありません。

宅建業者は、登録した宅地や建物の売買または交換の契約が成立したときは、遅滞なく、①登録番号、②宅地建物の取引価格、③契約の成立した年月日を指定流通機構（レインズ）に通知しなければなりません。

買主の氏名を知ったところでレインズとしても意味がないため、通知する必要はありません。

問 104 答え ×

建物の貸借の場合、建物の建築および維持保全の状況に関する書類の保存の状況を説明をする必要はありません。

これらの書類は所有者には資産価値を示す大事な書類ですが、借主にとっては正直どうでもいいものだからです。

問 105 宅地建物取引業者は、建物の貸借の媒介を行う場合、建築基準法に規定する容積率および建蔽率に関する制限があるときは、その制限内容を法35条に規定する重要事項として説明しなければならない。

答え

問 106 宅地建物取引業者は、建物の貸借の媒介を行う場合、私道に関する負担について法35条に規定する重要事項として説明しなければならない。

答え

問 107 宅地建物取引業者は、宅地の売買の媒介を行う場合、当該宅地の引渡しの時期を、法35条に規定する重要事項として宅地建物取引士をして説明させる必要はない。

答え

3 章

5 W 1 H ＋ 数 字 ひっかけ問題集

Who & Whom

What

When

where

How

数字の ひっかけ

問 105 答え ×

建物の貸借の場合、都市計画法・建築基準法に関する事項を説明する必要はありません。

すでに建っている建物を借りて住むわけですから、開発に関する法律である都市計画法は意味がありません。また、すでに家は建っているわけですから、建築基準法についての説明を受ける意味もないのです。

問 106 答え ×

建物の貸借の場合、私道負担に関する説明は不要です。

私道負担は、土地についての話であり、建物の借主には直接関係のあることではないからとされています。

問 107 答え ○

引渡しの時期は、契約書（37 条書面）の記載事項です。

重要事項説明（重説）は商品案内のことです。法律の建前として、重説を聞いてから、買うかどうかの最終判断をすることとなっています（実際上は重説と契約締結を一連の流れでやってしまいますが……）。

つまり建前上、重説を聞いている段階では「まだ買うかどうか決まっていない」のです。決まっていないのに、引渡しの日程なんてわかりませんよね。したがって、重説をする必要はありません。

問 108 宅地建物取引業者は、建物の貸借の媒介を行う場合、借賃の額並びにその支払いの時期および方法について、法 35 条に規定する重要事項として説明する必要はない。

答え

問 109 宅地建物取引業者は、区分所有建物の貸借の媒介を行う場合、当該一棟の建物およびその敷地の管理が委託されているときは、その委託を受けているものの氏名および住所（法人の場合には、その商号または名称および主たる事務所の所在地）を法 35 条に規定する重要事項として説明しなければならない。

答え

問 110 宅地建物取引業者は、区分所有建物の貸借の媒介を行う場合、共用部分に関する規約の定め（その案を含む）があるときは、その内容を、法 35 条に規定する重要事項として説明しなければならない。

答え

3章

5W1H＋数字
ひっかけ問題集

Who&Whom

What

When

where

How

数字のひっかけ

問 108　答え ○

借賃の額並びにその支払いの時期および方法は、契約書（37条書面）の記載事項です。重要事項説明の内容とはされていません。

貸借の場合、借賃以外に授受される金銭の額および当該金銭の授受の目的については重説事項となっています。たとえば、敷金や礼金といったお金です。

もっとも、本体価格である借賃については説明義務がありません。これは売買における代金でも同じです。代金や借賃については、わざわざ説明しなくても、さすがにお客さんはわかっているだろうというのが理由です。気になるお値段については、お客さんから聞いているでしょうから、義務づけるまでもないのです。

問 109　答え ○

管理会社の情報は貸借でも説明しなければなりません。

「このような管理会社が管理していますよ」という情報は賃借人にとっても重要なので、貸借であっても説明しなければなりません。

問 110　答え ×

マンションの貸借の場合、共用部分に関する規約の定めは説明する必要はありません。

宅地建物取引業者が媒介により既存建物の貸借の契約を成立させた場合、37条書面に、建物の構造耐力上主要な部分等の状況について当事者双方が確認した事項を記載する必要はない。

答え

 宅地建物取引業者が媒介により建物の貸借の契約を成立させた場合、移転登記の申請時期を、37条書面に記載しなければならない。

答え

 宅地建物取引業者が媒介により建物の売買の契約を成立させた場合、当該建物の上に存する登記された権利の種類および内容並びに登記名義人または登記簿の表題部に記録された所有者の氏名を、37条書面に記載しなければならない。

答え

 宅建業者は、取引の関係者から請求があったときは、業務に関する帳簿をその者の閲覧に供しなければならない。

答え

3章 5W1H+数字 ひっかけ問題集

Who & Whom

What

When

where

How

数字の ひっかけ

問111　答え　○

貸借の場合は記載不要です。建物の構造耐力上主要な部分等の状況について当事者双方が確認した事項については、貸借の場合、37条書面に記載する必要がありません。

これは、売買の代理・媒介を行ったときの記載事項です。

問112　答え　×

ここでいう移転登記というのは、「所有権移転登記」のことです。貸借をしたところで、所有者は変わりません。

つまり所有権移転登記を申請することはありえないため、契約書に記載する必要がないのです。

問113　答え　×

これは重要事項説明の内容です。37条書面には記載する必要はありません。当該建物の上に存する登記された権利の種類および内容並びに登記名義人または登記簿の表題部に記録された所有者の氏名は重要事項となってはいますが、37条書面の記載事項とはなっていません。

問114　答え　×

帳簿は顧客の個人情報のオンパレードなので、閲覧させてはいけません。なお、従業者名簿には閲覧制度がありますので、比較しておきましょう。

問115 当該宅地または建物にかかる租税その他の公課の負担に関する定めがあるときは、法35条に規定する重要事項として説明しなければならず、37条書面にも記載しなければならない。

答え [　　]

問116 契約解除に関する定めがあるときは、法35条に規定する重要事項として説明しなければならず、37条書面にも記載しなければならない。

答え [　　]

問117 宅地建物取引業者が媒介により建物の貸借の契約を成立させた場合、借賃についての金銭の貸借のあっせんに関する定めがある場合においては、当該あっせんに係る金銭の貸借が成立しないときの措置を37条書面に記載しなければならない。

答え [　　]

問118 Aは、自ら所有している物件について、直接賃借人Bと賃貸借契約を締結するにあたり、法第35条に規定する重要事項の説明を行わなかった。この場合、Aは、甲県知事から業務停止を命じられることがある。

答え [　　]

3 章

5 W 1 H + 数字
ひっかけ問題集

Who & Whom

What

When

where

How

数字の
ひっかけ

問 115　答え　×

租税公課に関する定めがあるときは、37 条書面に記載します。重要事項説明は不要です。

問 116　答え　○

契約の解除に関する定めがあるときは、重要事項として説明しなければならず、37 条書面にも記載しなければなりません。35 条・37 条共通の事項ということです。

問 117　答え　×

ローンのあっせんは、貸借の場合は記載不要です。

金銭の貸借（ローン）のあっせんについては、売買の場合には 37 条書面の記載事項となっていますが、貸借の場合には記載不要です。

なぜなら、貸借でローンのあっせんというのがありえないからです。賃貸のためにローンを組まなくてはいけないようなら、入居審査に通らないですからね。

問 118　答え　×

A がなにをしているのかに着目しましょう。A は、自分の物件を B に賃貸しています。これはそもそも、宅建業ではないですよね。したがって、重要事項説明をする必要はありませんし、業務停止処分を受けることもありません。

例題 003

　Aが、Bに対して、A所有の甲建物を賃貸している場合、Bが、甲建物について有益費を支出したときは、Bは、<u>賃貸借の終了時に</u>、その価格の増加が現存する場合に限り、Aの選択に従い、その支出した金額または増価額の償還を請求することができる。

いつ

タイミングに関するひっかけです。「いつ」ひっかけは「パッと見たときに○っぽく見える」という特徴があります。特にひっかかりやすいひっかけパターンなので、キーワードを冷静に見抜いていきましょう。

3
章

ひっかけ問題集
5
W
1
H
＋
数
字

Who &
Whom

What

When

where

How

数字の
ひっかけ

注）この例題では問題を解くにあたり、ひっかけのヒントとなる考え方を解説しています。実際の問題文にはヒントは記載されていませんのでご注意ください。

━━━ 解　説 ━━━

例題 003　答え　○

　この問題では、「いつ」償還請求できるのかが問われています。賃借人が有益費を支出した場合、その償還を請求できるのは賃貸借の終了時です。

　価格の増加が現存している場合限定で、賃借人が支出した額または増加額を賃貸人に対して償還請求することができます。

　なお、必要費を支出した場合には、直ちに償還請求できます。このように、「いつ」請求できるのかが問われるため、正確に押さえていきましょう。

「請求できるかできないか」ではなく、「いつできるのか」に着目しましょう！

権利関係　問題

民法

問119 ＡとＢとの間で、今年の宅建試験にＢが合格したらＡ所有の建物をＢに贈与する旨を書面で約し、その後Ｂが宅建試験に合格した場合、特例がない限り、Ｂがこの建物の所有権を取得するのは、宅建試験に合格した時である。

答え

問120 代理権を有しない者がした契約を本人が追認する場合、その契約の効力は、別段の意思表示がない限り、契約の時にさかのぼってその効力を生ずる。

答え

問121 Ａの所有する甲土地をＢが時効取得した場合、Ｂが甲土地の所有権を取得するのは、取得時効の完成時である。

答え

問 119 　答え　○

「試験に合格したら建物をあげる」というのは、停止条件付の贈与契約です。停止条件付の契約の場合、条件が成就した時に契約の効力が発生します。

特約がない限り、さかのぼって生じるものではないので注意です。

問 120 　答え　○

無権代理行為を本人が追認したケースです。こちらは契約の時にさかのぼって効力を生じます。

問 121 　答え　×

取得時効の完成時ではなく、占有開始時です。

たとえば、B が 2004 年 4 月 1 日に甲土地の占有を開始して、2024 年 4 月 1 日に時効が完成した場合、その土地は 2004 年から B の物という扱いになります。

これは、固定資産税と関係しています。仮に、「時効完成時に所有権を取得」するなら、B は 2025 年分から固定資産税を払えばいいことになります。ただ、2004 年から所有の意思を持って占有していたことを考えるとこれは不当ですよね。そこで、2004 年から所有者だったとすることで、固定資産税を B に払わせる仕組みになっています。

問122 所有権がAからBに移転している旨が登記されている甲土地につき、CがBとの間で売買契約を締結して所有権移転登記をしたが、その後AはBの強迫を理由にAB間の売買契約を取り消した場合、CがBによる強迫を過失なく知らなかったとき、Aは所有者であることをCに対して主張することはできない。

答え

3章

5W1H＋数字
ひっかけ問題集

Who & Whom

What

When

where

How

数字の
ひっかけ

問122 答え ×

順番を整理しましょう。

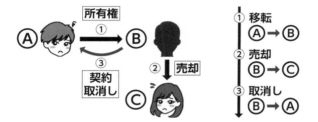

① A から B に所有権移転

② B は C に甲土地を売却

③ A が B の強迫を理由に契約を取り消した

強迫の被害者である A から見て、C は<u>取消前の第三者</u>となります。取消しをした時には、すでに C は三角関係に入っていたからです。

取消前の第三者の場合は、意思表示のところで学習した「詐欺・強迫」と同じと考えてしまいましょう。登記云々ではなく、実体的な勝敗で判断します。

強迫の被害者は、たとえ第三者が善意無過失であったとしても、勝てます。したがって、この問題の答えは×になります。

AがBから購入した甲土地につき、Cが時効により甲土地の所有権を取得した旨主張している場合、取得時効の進行中にAB間で売買契約および所有権移転登記がなされ、その後に時効が完成しているときには、Cは登記がなくてもAに対して所有権を主張することができる。

答え

3章

5W1H+数字
ひっかけ問題集

Who&
Whom

What

When

where

How

数字の
ひっかけ

問123　答え　〇

順番を正確に読み取りましょう。

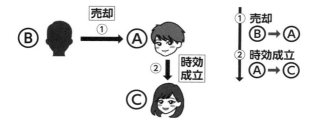

① BA 間で売買契約および所有権移転登記がなされた
② C の時効が完成した

　時効取得した C から見て、A は時効完成前の第三者です。
　C の時効が完成したとき、甲土地の所有者は A となって
いました。そもそも時効が完成したということは、A がこの
土地をほったらかしにしていたということを意味します。
　したがって、C は A に対して、登記がなくても所有権を
主張することができます。C の勝ちというわけです。

問 124　取得時効の完成により乙不動産の所有権を適法に取得した C は、その旨を登記しなければ、時効完成後に乙不動産を旧所有者である A から取得して所有権移転登記を経た B に対して、所有権を対抗できない。

答え

問 125　抵当権者は、その目的物の滅失によって債務者が受けるべき金銭等に対し物上代位することができるが、抵当権者は、債務者が当該金銭等を受領する前に差押えをしなければならない。

答え

3章

5W1H＋数字
ひっかけ問題集

Who&
Whom

What

When

where

How

数字の
ひっかけ

問 124 答え ○

順番を整理することからはじめましょう。

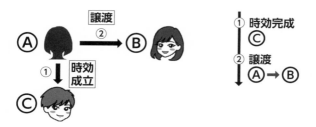

①Cの時効が完成
②旧所有者AからBが所有権を譲り受けた

　この問題では、Cの時効が完成してから、Bが三角関係に入ってきています。したがって、<u>時効完成後の第三者</u>ということになります。

　本問に限らず、「○○後の第三者」はすべて対抗関係となります。つまり、登記を持っている者が勝ちです。

　本問では、Bが登記を備えているため、Bの勝ち。CはBに対して、所有権を対抗できません。

問 125 答え ○

　物上代位とは、横どりシステムのことです。抵当権者は、<u>債務者がお金を受け取る前に差押えをしなければなりません。</u>

問126 解約手付を交付した場合、相手方が履行に着手するまでであれば、買主はその手付を放棄し、売主はその倍額を償還して契約の解除をすることができる。

答え

問127 Ａが、Ｂに対して、Ａ所有の甲建物を賃貸している場合、Ｂは、甲建物について有益費を支出したときは、賃貸人に対し、直ちにその償還を請求することができる。

答え

問128 人の生命または身体を害する不法行為による損害賠償請求権は、被害者が損害または加害者を知った時から５年間行使しないときには、時効によって消滅する。

答え

問 126　答え　○

　解約手付による解除のタイムリミットは、相手がやること をやるまでです。

　なお、仮に自分は動いていたとしても、相手がまだ動いて いなければ解除できます。

問 127　答え　×

　有益費を支出したときは、賃貸借の終了時に償還手続をす ることになります。直ちに償還請求はできません。

　なお、必要費を支出したときには、直ちに償還請求できま す。

問 128　答え　×

　「損害または加害者」ではなく、損害および加害者を知っ た時から5年です。

　5年のカウントダウンがスタートするのは、損害と加害者、 両方を知った時からです。

　たとえば、交通事故でひき逃げに遭った場合、加害者がわ からない間は、5年のカウントダウンはスタートしないとい うことです。もっともこの場合でも、事故から20年経って しまうと、消滅時効にかかってしまいます。

問 129　Ａが死亡し、相続人がＡの子であるＢおよびＣである場合において、BC間の遺産分割協議が成立しないうちにＣが死亡した。Ｃには配偶者Ｄ、Ｄとの子Ｅがいる場合、Ａの遺産分割協議は、ＢとＥで行う。

答え [　　]

借地借家法

問 130　ＡがＢからＢ所有の建物を賃借している場合、Ａが家賃の減額請求をしたが、家賃の減額幅につきＡＢ間に協議が整わず、裁判となったときは、その請求にかかる一定額の減額を正当とする裁判が確定した時点以降分の家賃が減額される。

答え [　　]

3
章

5W1H＋数字
ひっかけ問題集

Who&
Whom

What

When

Where

How

数字の
ひっかけ

問129 答え ✕

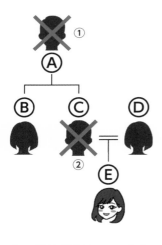

亡くなった順番を正確に把握しましょう。

Aが亡くなった時点では、Cは生きていました。したがって、Aの相続人はあくまでBとCです。ただ、BとCで、Aの遺産分割協議を行う前に、Cが亡くなってしまいました。この場合、B、そして、Cの相続人であるDとEが、Aの遺産分割協議を行います。これを、数次相続といいます。

下の世代が死亡している＝代襲相続、と考えるのではなく、順番を意識しましょう。

問130 答え ✕

請求した時点以降分の家賃が減額されます。

減額を正当とする裁判が確定した時は、裁判が確定した時以降ではなく、請求した時以降の分の家賃が減額されます。たとえば、4月1日に減額請求をして、協議が整わず裁判となり、10月1日に減額を正当とする裁判が確定した場合、家賃が減額されるのは4月1日分からとなります。

遺産である不動産から、相続開始から遺産分割まで
の間に生じた賃料債権は、遺産である不動産が遺産
分割によって複数の相続人のうちの1人に帰属することと
なった場合、当該不動産が帰属することになった相続人が相
続開始時にさかのぼって取得する。

答え

問 131 答え ×

　まずは、問題となっている賃料債権がいつ発生したものか
を確認しましょう。問題文に「相続開始から遺産分割までの
間に生じた」とあるため、被相続人が亡くなって相続が開始
した後ということがわかります。

相続開始　　　　　　　　　　　**遺産分割**

この間で発生した賃料債権

　言い換えると、この賃料債権が発生した時点では、すでに
被相続人は亡くなっています。
　そもそもの話ですが、亡くなった人の財産のことを遺産と
いいます。したがって、亡くなった後に発生した債権は、遺
産ではありません。すでに亡くなっている被相続人はこの債
権を手にしていないからです。
　遺産ではない以上、相続人が相続開始時にさかのぼって取
得することはありません。

法令上の制限　問題

都市計画法

問 132　地区計画の区域のうち地区整備計画が定められている区域内において、建築物の建築等の行為を行った者は、一定の行為を除き、当該行為の完了した日から30日以内に、行為の種類、場所等を市町村長に届け出なければならない。

答え

土地区画整理法

問 133　仮換地が指定された場合においては、従前の宅地について権原に基づき使用し、または収益することができる者は、仮換地の指定の効力発生の日から換地処分の公告がある日まで、仮換地について、従前の宅地について有する権利の内容である使用または収益と同じ使用または収益をすることができる。

答え

問 134　施行者は、仮換地を指定した場合において、その仮換地について使用または収益を開始することができる日を仮換地の指定の効力発生日と別に定めることはできない。

答え

3
章

ひっかけ問題集
5W1H＋数字

Who&Whom

What

When

where

How

数字のひっかけ

問 132 　答え　×

完了した日からではなく、行為に着手する日の 30 日前までに届け出ます。工事を終えてから届け出るのは意味がないので、事前届出となっています。

問 133 　答え　○

仮換地が指定されたとき、正式な換地処分の公告がある日までは、仮換地を使用・収益することができます。

問 134 　答え　×

たとえば、仮換地指定の効力発生日が 8 月 1 日、使用収益開始日を 9 月 1 日と定めることもできます。この場合、9 月 1 日にならないと、仮換地を使うことはできません。

宅建業法　問題

問 135　宅地建物取引業の免許申請中である者は、開業準備中である旨の表示をすれば、宅地建物取引業を営む旨の広告を行い、取引する物件および顧客を募ることができる。

答え　[　　]

問 136　免許を受けようとする株式会社K社に、刑法第204条（傷害）の罪を犯し懲役1年執行猶予2年の刑に処せられ、その刑の全部の執行猶予の期間を満了した者が役員として在籍している場合、その満了の日から5年を経過しなければ、K社は免許を受けることができない。

答え　[　　]

問 137　個人である宅建業者F（甲県知事免許）が死亡した場合、その相続人は、Fが死亡した日から30日以内に、その旨を甲県知事に届け出なければならない。

答え　[　　]

問 138　新たに宅地建物取引業を営もうとする者は、営業保証金を主たる事務所の最寄りの供託所に供託した後に、国土交通大臣または都道府県知事の免許を受けなければならない。

答え　[　　]

解　説

問 135　答え　×

免許申請中ということは、まだ免許を受けていません。つまり無免許であるため、広告はもちろん、宅建業自体することができません。

問 136　答え　×

執行猶予期間が満了すれば、すぐに免許を受けることができます。実刑を受けて刑務所に入った場合には、出所した時から5年間欠格になります。ただ、執行猶予がつき、その期間が満了した場合には、5年縛りはありません。

問 137　答え　×

死亡した日ではなく、相続人が死亡の事実を知った日から30日以内です。

問 138　答え　×

免許を受けてから、営業保証金を供託します。実務的な話ですが、営業保証金を供託するときに、免許証番号を書かないと供託所はお金を受け取ってくれません。なので、免許を受けるのが先です。

①免許を受けて、②供託をし、③その旨を免許権者に届出をして、④営業開始という順番を押さえておきましょう。

3章

5W1H＋数字 ひっかけ問題集

Who & Whom

What

When

where

How

数字のひっかけ

問 139 Ａが、分譲マンションの購入を勧誘するに際し、うわさをもとに「３年後には間違いなく徒歩５分の距離に新しく私鉄の駅ができる」と告げたが、そのような計画はなかった場合、故意にだましたわけではないとしても、宅地建物取引業法に違反する。

答え

問 140 宅地建物取引業者で保証協会に加入しようとする者は、その加入の日から２週間以内に、弁済業務保証金分担金を保証協会に納付しなければならない。

答え

問 141 保証協会に加入している宅地建物取引業者（甲県知事免許）は、甲県の区域内に新たに支店を設置する場合、その日までに当該保証協会に追加の弁済業務保証金分担金を納付しないときは、社員の地位を失う。

答え

問 142 都市計画法第 29 条第 1 項の許可を必要とする宅地について、Ｂが開発行為を行い貸主として貸借しようとする場合、宅地建物取引業者Ａは、Ｂがその許可を受ける前であっても、Ｂの依頼により当該宅地の貸借の広告をすることができるが、当該宅地の貸借の媒介をすることはできない。

答え

3章

5W1H＋数字
ひっかけ問題集

Who&
Whom

What

When

where

How

数字の
ひっかけ

問 139　答え　○

宅建業者は、勧誘の際、将来の環境・利便に関する断定的判断を提供する行為をしてはいけません。

故意にだましたわけではなかったとしても、断定的判断を提供する行為自体がアウトです。

問 140　答え　×

保証協会に加入しようとする宅建業者は、加入しようとする日までに弁済業務保証金分担金を保証協会に納付しなければなりません。つまり、前払いです。

問 141　答え　×

新たに事務所を設置したときは、その日から2週間以内にお金を納付しなければなりません。こちらは後払いです。

問 142　答え　×

開発許可を必要とする宅地の貸借については、開発許可を受けた後でなければ、その宅地の広告はできません。

もっとも、貸借の媒介契約は、開発許可を受ける前であってもすることができます。貸借の場合、売買に比べて何かあったときの損害が小さいからであると私は考えています。

また、広告をするとなると途端に話が大きくなるため、さすがに賃貸であっても許されません。

問143 宅地建物取引業者は、建築確認が必要とされる建物の建築に関する工事の完了前において、建築確認の申請中である場合は、その旨を表示すれば、自ら売主として当該建物を販売する旨の広告をすることができる。

答え

問144 宅地建物取引業者は、宅地の売買の媒介を行う場合、宅地の買主に対して、当該宅地に関し、売買契約成立後遅滞なく、宅地建物取引士をして、法第35条に規定する重要事項を書面を交付して説明をさせなければならない。

答え

問145 宅地建物取引業者Aが、自ら売主として、宅地建物取引業者ではない個人Bとの間で宅地の売買契約を締結する場合、Aは、Bから手付金を受領した後に、速やかに手付金の保全措置を講じなければならない。

答え

問 143　答え　×

建物の場合も、建築確認がおりなければ広告をしてはいけません。

「申請中」ということは、建築確認を申請して、今現在役所が審査をしている最中。もしかしたら、建築確認がおりないかもしれません。なので、申請中の場合はダメです。

問 144　答え　×

重要事項説明（重説）は契約成立前に行う必要があります。重説は「買うかどうかの最終確認」です。それを契約締結後に行っても意味がありません。

なお、37条書面（契約書）は、契約締結後遅滞なく交付することとなっています。37条書面は契約の証拠ですから、契約締結後すぐに当事者に交付しなければなりません。

問 145　答え　×

手付金等の保全措置は、手付金等を受領する前に講じなければなりません。本問は、受領した後速やかに保全措置を講じる、という書き方になっているため誤りです。

「どこで」ひっかけ

例題
004

どこで

　宅地建物取引業者A（甲県知事免許）は、乙県内で一団の建物の分譲を行う案内所を設置し、当該案内所において建物の売買契約を締結する場合、国土交通大臣へ免許換えの申請をしなければならない。

場所に関するひっかけです。
その場所に着目して、知識を整理していく必要があります。

注）この例題では問題を解くにあたり、ひっかけのヒントとなる考え方を解説しています。実際の問題文にはヒントは記載されていませんのでご注意ください。

解　説

例題 **004**　答え　×

この問題は、宅建業者が業務を行う場所を正確に読み取ることがポイントです。「案内所」と「事務所」は別物です。

たしかに、事務所を設置した場合には、免許換えが必要です。しかし、案内所を設置した場合は、免許換えは必要ありません。

事務所と案内所のひっかけは毎年のように出題されています。それぞれ適用されるルールが異なるため、正確に区別していきましょう。

あらかじめひっかけパターンを覚えておきましょう！

法令上の制限　問題

都市計画法

 問 146 都市計画区域は、当該市町村の区域の区域内に限り指定するものとされている。

答え

 問 147 都市計画区域については、無秩序な市街化を防止し、計画的な市街化を図るため、都市計画に必ず市街化区域と市街化調整区域との区分を定めなければならない。

答え

 問 148 準都市計画区域について無秩序な市街化を防止し、計画的な市街化を図るため必要があるときは、都市計画に、区域区分を定めることができる。

答え

 問 149 市街化区域については、必要があると認めるときは、用途地域を定めるものとされ、市街化調整区域は、原則として用途地域を定めないものとする。

答え

3章

5W1H＋数字
ひっかけ問題集

Who&
Whom

What

When

where

How

数字の
ひっかけ

問 146　答え ×

「当該市町村の区域の区域内に限り」が誤りです。

複数の都道府県や市町村にまたがって都市計画区域を定めることもできます。

問 147　答え ×

市街化区域と市街化調整区域との区分（区域区分）は、必要があるときに定めることができる、とされています。

したがって、必ず定めなければならないわけではありません。

問 148　答え ×

区域区分は、都市計画区域内において定められるものです。準都市計画区域では定めることができません。

問 149　答え ×

前半部分が誤りです。市街化区域については、少なくとも用途地域を定めるものとされています。要するに「必ず」ということです。

なお、市街化調整区域は、原則として用途地域を定めないものとされているので、後半部分は正しい記述です。

問150 特別用途地区とは、用途地域が定められていない土地の区域内において、当該地区の特性にふさわしい土地利用の増進、環境の保護等の特別の目的の実現を図るため当該用途地域の指定を補完して定める地区をいう。

答え

問151 特定用途制限地域とは、用途地域内において、良好な環境の形成または保持のため当該地域の特性に応じて合理的な土地利用が行われるよう、制限すべき特定の建築物等の用途の概要を定める地域をいう。

答え

3
章

ひっかけ問題集
5W1H＋数字

Who&
Whom

What

When

where

How

数字の
ひっかけ

問150　答え　×

特別用途地区は、<u>用途地域内</u>に定められます。

特別用途地区は、たとえば、商業地域の中でも学校が多い
エリアに指定されます。商業地域は基本的に風俗店などを作
ることもできる地域ですが、学校が多いエリアに風俗店があ
るのは、教育上よくないですよね。そこで、特別用途地区を
指定することで、風俗店を作ることを禁止しています。

問151　答え　×

特定用途制限地域は、<u>用途地域の外</u>に定められます。

たとえば、北海道のリゾート地であるニセコアンヌプリは、
特定用途制限地域に指定されています。ここは山なので、用
途地域に指定されていません。したがって、用途制限がない
ため、本来であればどんな用途の建物を建ててもいいはずで
す。ところが、リゾート地という環境上、あまり不健全な店
が建つと困りますよね。そこで、特定用途制限地域に指定し
て、建ててはいけない建物を規制しているのです。

名称	定められるエリア
特別用途地区	用途地域**内**
特定用途制限地域	用途地域が定められていない土地の区域内（用途地域**外**）

問152 高層住居誘導地区は、住居と住居以外の用途を適正に配分し、利便性の高い高層住宅の建設を誘導するため、第一種中高層住居専用地域、第二種中高層住居専用地域において定められる地区をいう。

答え

問153 高度利用地区とは、用途地域内の市街地における土地の合理的かつ健全な高度利用と都市機能の更新とを図るため、建築物の高さの最高限度または最低限度を定める地区のことである。

答え

問154 市街化区域において、農林漁業を営む者の居住の用に供する建築物の建築の用に供する目的で 1,200㎡の開発行為を行う場合、都市計画法による開発許可を受ける必要がある。

答え

Who&Whom

What

When

where

How

数字のひっかけ

問152 答え ×

中高層住居専用地域に定めることはできません。

高層住居誘導地区は、高層マンションを建てるために、容積率や建蔽率を変更することが認められたエリアです。試験で問われるポイントはひとつだけで、第一種・第二種中高層住居専用地域に定めることはできない、という点です。

なぜなら、このエリアは、はじめからマンションを建てるとを前提としているからです。

問153 答え ×

高度利用地区の「高度」は高さのことではありません。

「土地を高度に活用しよう！」という意味です。高度地区と混同しないように。「高度利用地区には高さの制限はない」という点と、「用途地域内に定められる」という点を押さえましょう。

問154 答え ○

市街化区域内では、農林漁業を営む方の家のためであっても、開発許可を受けなければなりません。また、市街化区域では1,000㎡以上の開発行為は許可が必要です。その点でも、今回は開発許可を受けなければなりません。

ちなみに、市街化区域外で農林漁業系の開発行為をする場合には、許可不要です。

建築基準法

問155 工業専用地域内においては、保育所を建築することができない。

答え

問156 建築物の敷地が工業地域と工業専用地域にわたる場合において、当該敷地の過半が工業専用地域内であるときは、共同住宅を建築することができる。

答え

問157 第一種低層住居専用地域内においては、大学を建築することはできないが、高等専門学校を建築することはできる。

答え

問158 第一種低層住居専用地域内では、診療所は建築できるが、病院は建築できない。

答え

3章

5W1H＋数字
ひっかけ問題集

Who&
Whom

What

When

where

How

数字の
ひっかけ

問 155 答え ×

保育所は、すべての用途地域内で建築することができます。働く親のために、保育所は全エリアで必要だからです。

問 156 答え ×

用途地域をまたがっている場合、面積が大きいほうのルールが適用されます。本問では「過半が工業専用地域内」とあるため、ここでは工業専用地域の用途規制が適用されることになります。そして、工業専用地域では共同住宅を建てることはできないため、誤りです。

問 157 答え ×

第一種低層住居専用地域では、大学も高等専門学校も建築することはできません。なお、第一種低層住居専用地域は、幼稚園〜高校までなら、建築することができます。

問 158 答え ○

病院は、第一種低層住居専用地域内には建築できません。

救急車が頻繁に来てしまうため、閑静な住宅街にはそぐわないからです。一方の診療所は、いずれの用途地域内においても建築することができるため、もちろん第一種低層住居専用地域内においても建築できます。

ちなみに、病院と診療所の違いは、ベッドの数です。

問 159 準都市計画区域内であっても、用途地域の指定のない区域内における建築物については、法56条第1項第1号の規定による道路斜線制限は適用されない。

答え

問 160 第一種低層住居専用地域および第二種低層住居専用地域内における建築物については、法第56条第1項第2号の規定による隣地斜線制限が適用されない。

答え

問 161 第二種中高層住居専用地域内における建築物については、法第56条第1項第3号の規定による北側斜線制限は適用されない。

答え

3
章

5W1H+数字
ひっかけ問題集

Who&Whom

What

When

where

How

数字のひっかけ

問 159   答え ×

　道路斜線制限は、都市計画区域内と準都市計画区域内すべてのエリアで適用されます。

　道路が暗くならないようにというのが道路斜線制限の趣旨です。したがって、すべてのエリアが対象です。

問 160   答え ○

　隣地斜線制限は、第一種・第二種低層住居専用地域・田園住居地域では適用されません。このエリアはお隣さんも低い建物なので、適用する必要がないのです。

問 161   答え ×

　北側斜線制限が適用されるのは第一種・第二種低層住居専用地域・田園住居地域、日影規制の適用がない第一種・第二種中高層住居専用地域です。

　田園住居地域は低層と同じと考えていいので、「住居専用」という言葉がつくエリアで適用される、と覚えましょう。

エリア	道路	隣地	北側
一種二種低層住専・田園住居	○	×	○
一種二種中高層住居専門地域	○	○	○
それ以外のエリア	○	○	×

法第56条の2第1項の規定による日影規制の対象区域は地方公共団体が条例で指定することとされているが、商業地域、工業地域および工業専用地域においては、日影規制の対象区域として指定することができない。

答え

 防火地域内においては、2階建て、延べ面積が100㎡の住宅は、耐火建築物としなければならない。

答え

問 162 答え ○

商業地域、工業地域、工業専用地域は、日影規制の対象外
となっています。

以下のゴロで覚えましょう。

商 業 高 校 日 影 な し
商業　工業　工業専用

商業高校

日影ない！

問 163 答え ×

本問の場合、準耐火建築物でもよいため、誤りです。

・防火地域

	100㎡以下	100㎡超
（地階含む）3階以上	**耐火**	**耐火**
（地階含む）2階	準耐火でもよい	**耐火**
（地階含む）1階	準耐火でもよい	**耐火**

問164 準防火地域内においては、3階建て、延べ面積が1,200㎡の住宅は、耐火建築物としなければならない。

答え

問165 商業地域内で、かつ、防火地域にある耐火建築物については、建物の容積率の制限は適用されない。

答え

問166 防火地域および準防火地域内において、建築物を改築する場合で、その改築に係る部分の床面積の合計が10㎡以内であるときは、建築確認は不要である。

答え

問 164 答え ×

本問の場合、準耐火建築物でもよいため、誤りです。

・準防火地域

	500㎡以下	500㎡超 1,500㎡以下	1,500㎡超
（地階除く） 4階以上	耐火	耐火	耐火
（地階除く） 3階	基準に適合して いればよい	準耐火でも よい	耐火
（地階除く） 2階以下	特に規制なし	準耐火でも よい	耐火

問 165 答え ×

容積率にはこのような規定はありません。

商業地域内で、かつ、防火地域にある耐火建築物について
は、建蔽率の制限が適用されません。

問 166 答え ×

床面積に関係なく、防火地域および準防火地域内において
建築物を改築する場合には、建築確認が必要です。改築に係
る部分の床面積の合計が10㎡以内のとき、建築確認は不要
となるのは防火地域および準防火地域外の場合です。

宅建業法　問題

問167　都市計画法に規定する工業専用地域内の土地で、建築資材置き場の用に供されているものは、法第2条第1号に規定する宅地に該当する。

答え

問168　本店および支店1か所を有するAが、甲県内の本店では建設業のみを営み、乙県内の支店では宅地建物取引業を営む場合、Aは乙県知事の免許を受けなければならない。

答え

問169　宅地建物取引業者A（甲県知事免許）が、乙県内に新たに支店を設置して宅地建物取引業を営んでいる場合において、免許換えの申請を怠っていることが判明したときは、Aは甲県知事から業務停止処分を受けることがある。

答え

解　説

3
章

5W1H＋数字
ひっかけ問題集

Who &
Whom

What

When

where

How

数字の
ひっかけ

問 167　答え　○

　用途地域内の土地は、たとえ建物が建っていなくとも宅地に該当します。

問 168　答え　×

　支店が宅建業を行っているなら、本店は、宅建業を営んでいるかどうかに関係なく、事務所として扱います。

問 169　答え　×

　免許換えを怠っているときは、免許取消処分になります！
　Ａは乙県にも支店を設置したため、本来、大臣免許を受けていなければなりません。にもかかわらず、甲県知事免許のまま、仕事をしていたのです。これで仮に業務停止処分で済むとした場合、その期間があければその状態で仕事を再開していいということになってしまいます。それでは、免許換えの意味がありません。

問170 宅地建物取引業者は、一団の建物の分譲を行う案内所を設置し、当該案内所において建物の売買契約を締結する場合、当該展示会場の従業者5人に対して1人以上の割合となる数の専任の宅地建物取引士を置かなければならない。

答え

問171 宅地建物取引業者は、事業の開始後新たに従たる事務所を設置したときは、その従たる事務所の最寄りの供託所に政令で定める額を供託し、その旨を免許を受けた国土交通大臣または都道府県知事に届け出なければならない。

答え

問172 宅地建物取引業者は、事業の開始後新たに案内所を設置した場合、主たる事務所の最寄りの供託所に500万円を供託しなければならない。

答え

問173 宅地建物取引業者は、案内所においては、そこで契約行為等を行わない場合であっても、国土交通省令で定める標識を掲示しなければならない。

答え

3章

5W1H＋数字
ひっかけ問題集

Who&
Whom

What

When

where

How

数字の
ひっかけ

問 170 答え ×

案内所は事務所ではありません。5人に1人以上の宅建士が必要となるのは、事務所です。

案内所には、従業員の数に関係なく、専任の宅建士が最低1人いればいいのです。

問 171 答え ×

従たる事務所の最寄りの供託所ではなく、主たる事務所（本店）最寄りの供託所に供託します。

たとえば、東京に本社がある宅建業者が北海道に支店を作った場合、東京の供託所に供託をするということです。

問 172 答え ×

案内所は事務所ではありません。供託をしなければならないのは、新たに事務所を設置した場合です。

したがって、案内所を作ったとしても、供託をする必要はありません。

問 173 答え ○

標識は業務を行うすべての場所に掲示しなければなりません。たとえ契約を行わないとしても、その場所で働く従業員はいるわけですから、標識が必要です。

問 174 宅地建物取引業者は、各事務所の業務に関する帳簿を、主たる事務所に備えなければならない。

答え

問 175 法第 35 条の規定による重要事項説明および書面の交付は、ホテルのロビーで行うことはできない。

答え

問 176 宅地建物取引業者 A 社（国土交通大臣免許）が甲県内に所在するマンション（60 戸）を分譲するにあたり、A 社が乙県内に設置する案内所について、A 社は国土交通大臣および甲県知事に、業務を開始する日の 10 日前までに法 50 条第 2 項の規定に基づく届出を行わなければならない。

答え

問 177 宅地建物取引業者ではない B は、ホテルのロビーにおいて買受けの申込みをし、その際に宅地建物取引業者 A 社との間でクーリング・オフによる契約の解除をしない旨の合意をした上で、後日、売買契約を締結した。この場合、仮に B がクーリング・オフによる当該契約の解除を申し入れたとしても、A 社は、当該合意に基づき、B からの契約の解除を拒むことができる。

答え

3章

5W1H+数字
ひっかけ問題集

Who&
Whom

What

When

where

How

数字の
ひっかけ

問 174　答え　×

帳簿は事務所ごとに備えます。本問は、「主たる事務所に備える」という記述になっているため、誤りです。

問 175　答え　×

重要事項説明（重説）は、どこでもすることができます。

問 176　答え　×

50条2項の届出は、免許権者と案内所を設置する場所の管轄知事に届け出ます。

A社は国土交通大臣免許なので、知事を経由して大臣に届け出ることになります。そして、案内所を設置するのは乙県なので、乙県知事に届出をします。本問では甲県知事に届出をするという記述となっています。たしかに甲県にはマンションがありますが、50条2項の届出には関係ないので誤りです。

問 177　答え　×

Bは、ホテルのロビーで申込みをしているので、クーリング・オフの対象となります。

2～3行目に「クーリング・オフによる契約の解除をしない旨の合意」とありますが、この合意は買主に不利であるため無効です。したがって、A社は、当該合意に基づき、Bからの契約の解除を拒むことはできません。

問 178 宅地建物取引業者ではないBは、モデルルームにおいて買受けの申込みをし、後日、宅地建物取引業者A社の事務所において売買契約を締結した。Bは、その代金の全部を支払ったが、まだ当該建物の引渡しを受けていない場合、A社からクーリング・オフについて何も告げられていなければ、契約の解除をすることができる。

答え

3 章

5W1H＋数字 ひっかけ問題集

Who & Whom

What

When

where

How

数字の ひっかけ

問178 答え ×

Bは、モデルルームにおいて申込みをしているので、そもそもクーリング・オフできない事案です。クーリング・オフについて何も告げられていなくても不可能です。

「どのように」ひっかけ

H o w

例題 005

　借地借家法第 23 条に規定するいわゆる事業用定期借地権の設定を目的とする契約は、書面によってしなければならないが、公正証書で行う必要はない。

どのように

「どのように」しなければならないか、方法に関するひっかけです。

注）この例題では問題を解くにあたり、ひっかけのヒントとなる考え方を解説しています。実際の問題文にはヒントは記載されていませんのでご注意ください。

3章

5W1H＋数字ひっかけ問題集

Who＆Whom

What

When

where

How

数字のひっかけ

解　説

例題 005　答え ×

　この問題は、事業用定期借地権の契約を「どのように」しなければならないかが問われています。

　事業用定期借地権の設定を目的とする契約は、公正証書でしなければなりません。公正証書とは、公証人という人に作ってもらう公的な文書のことです。ただの書面ではなく、しっかりと公正証書でしなければならないんですね。

口頭でいいのか、書面が必要か。
「どのように」行うのかを見抜いていきましょう！

権利関係　問題

民法

問179 成年後見人が、成年被後見人に代わって、成年被後見人が居住している建物を売却する際、後見監督人がいる場合には、後見監督人の許可があれば足り、家庭裁判所の許可は不要である。

答え

問180 Ａが、Ｂとの間でＡが所有する甲建物の売買契約を締結した場合、Ｂが代金を支払った後、Ａが引渡しをしないうちに、Ａのたばこの不始末が原因で甲建物が焼失したとき、Ｂがこの契約を解除するためには、Ａに対し相当の期間を定めてその履行を催告する必要はない。

答え

問181 保証人となるべき者が、口頭で明確に特定の債務につき保証する旨の意思表示を債権者に対してすれば、その保証契約は有効に成立する。

答え

問 179　答え　×

　後見監督人がいる場合であっても、家庭裁判所の許可が必要です。

　後見監督人は、成年後見人のサポートをするだけなので、裁判所の許可を省略することはできません。

問 180　答え　○

　この場合、催告することなく解除することができます。

　理由はシンプルで、催告が無意味だからです。

　催告したら建物が復活するわけでもないため、催告する意味がないのです。

問 181　答え　×

　保証契約は、書面か電磁的記録でしなければなりません。

　口頭でした場合、無効となります。

問 182 Aが甲土地をFとGとに対して二重に譲渡してFが所有権移転登記を備えた場合に、裁判においてAG間の売買契約のほうがAF間の売買契約よりも先になされたことをGが立証できれば、Gは、登記がなくても、Fに対して自らが所有者であることを主張することができる。

答え ☐

問 183 Aは、Bから3,000万円の借金をし、その借入金債務を担保するために、A所有の甲地に抵当権を設定し、その登記を経た。その後甲地について、Cの第2順位抵当権が設定され、その登記がされた場合、BとCは合意をして、抵当権の順位を変更することができるが、この順位の変更は、その登記をしなければ無効となる。

答え ☐

問 184 自筆証書遺言は、その内容をワープロ等で印字していても、日付と氏名を自署し、押印すれば、有効な遺言となる。

答え ☐

問 185 遺留分侵害額の請求は、訴えを提起しなくても、内容証明郵便による意思表示だけでもすることができる。

答え ☐

問 182　答え　✕

不動産の二重譲渡の場合、登記を先に備えたほうが勝ちます。

仮に自分が先に売買契約を締結したことを立証できたとしても、登記がなければ結果として負けてしまうのです。

問 183　答え　○

抵当権の順位変更は、その登記をしなければ効力が生じません。

合意しただけでは効力は発生しないのです。

問 184　答え　✕

自筆証書遺言は、遺言の全文・日付・氏名を手書きで書かないといけません。

ちなみに、遺言の付属文書となる目録は、ワープロでもいいとされています。ただ、遺言自体は自署しなければならないので、誤りです。

問 185　答え　○

遺留分侵害額請求の方法は特に決められていません。必ずしも訴えを提起する必要はありません。

3章

5W1H＋数字
ひっかけ問題集

Who & Whom

What

When

where

How

数字の
ひっかけ

借地借家法

問 186　A が居住用の甲建物を所有する目的で、存続期間を 50 年として B 所有の乙土地に借地権を設定する場合、AB 間の賃貸借契約を公正証書で行ったときに限り、当該契約の更新がなく期間満了により終了し、終了時には A が甲建物を収去すべき旨を有効に規定することができる。

答え

問 187　借地借家法第 23 条に規定するいわゆる事業用定期借地権の設定を目的とする契約は、公正証書によってしなければならない。

答え

問 188　A が所有する甲建物を B に賃貸する場合、法令によって甲建物を 2 年後には取り壊すことが明らかであるとき、2 年後には更新なく賃貸借契約が終了する旨の特約を定めるにあたって、公正証書によってしなければならない。

答え

3章

5W1H＋数字
ひっかけ問題集

Who&
Whom

What

When

where

How

数字の
ひっかけ

問186　答え　×

「公正証書で行ったときに限り」という点が誤りです。

本問の特約は書面によってしなければならないと規定されています。つまり、書面であれば、公正証書でなくてもよいのです。パソコンで書面を作って印刷すれば大丈夫です。

問187　答え　○

事業用定期借地権の設定を目的とする契約は、公正証書でしなければなりません。公正証書とは、公証人という人に作ってもらう公的な文書のことです。

なお、借地借家法において、公正証書が出てくるのはこの事業用定期借地権だけです。この点を押さえておくだけでも、かなりひっかけ問題に強くなりますよ。

問188　答え　×

取り壊し予定の建物を賃貸する場合、書面で契約をする必要はあります。ただし、書面であればいいため、それを公正証書で行う必要はありません。

法令上の制限　問題

都市計画法

問 189　都市計画施設の区域または市街地開発事業の施行区域内において建築物の建築をしようとする者は、一定の場合を除き、当該行為に着手する 30 日前までに、都道府県知事（市の区域内にあっては、当該市の長）に届出をしなければならない。

答え

問 190　地区計画の区域のうち地区整備計画が定められている区域内において、建築物の建築等の行為を行おうとする者は、原則として市町村長の許可を受けなければならない。

答え

問 191　都市計画事業の認可の告示があった後においては、当該事業地内において、当該都市計画事業の施行の障害となるおそれがある建築物の建築等を行おうとする者は、非常災害のために必要な応急措置として行う行為であっても、都道府県知事の許可を受けなければならない。

答え

問 189　答え　×

　都市計画施設の区域または市街地開発事業の施行区域内において建築物の建築をしようとする者は、知事の許可を受ける必要があります。

　届出ではありません。

問 190　答え　×

　許可ではなく、当該行為に着手する日の 30 日前までに、行為の種類、場所等を市町村長に届け出なければなりません。地区計画は、届出です。

問 191　答え　○

　「告示」とあったら、例外なく許可が必要になります。

　問題文に「告示」という言葉があったら、許可が必要と考えてしまってよいということです。

　告示がなされると強い効力を持つため、たとえ非常災害の場合であっても、許可を受けなければなりません。

3章

5W1H＋数字
ひっかけ問題集

Who&
Whom

What

When

where

How

数字の
ひっかけ

問192 市街化調整区域において、図書館法に規定する図書館の建築の用に供する目的で行う 1,000㎡の土地の区画形質の変更については、都市計画法による開発許可を受ける必要はない。

答え

3章

5W1H＋数字
ひっかけ問題集

Who
&
Whom

What

When

where

How

数字の
ひっかけ

問 192 答え ○

　図書館は、開発許可は不要です。

　図書館法に規定する図書館は、場所や規模に関係なく開発許可を受ける必要はありません。

宅建業法

問193 A県知事から免許を受けている宅地建物取引業者が、A県内における事務所を廃止し、B県内に新たに事務所を設置して、引き続き宅地建物取引業を営もうとする場合には、A県知事経由でB県知事に免許換えの申請をしなければならない。

答え [   ]

問194 宅地建物取引業者（甲県知事免許）に勤務する宅地建物取引士（甲県知事登録）が、乙県に住所を変更するとともに宅地建物取引業者（乙県知事免許）に勤務先を変更した場合は、乙県知事に登録の移転の申請をしなければならない。

答え [   ]

問195 宅地建物取引士は、テレビ会議等のITを活用して重要事項の説明を行うときは、相手方の承諾があれば宅地建物取引士証の提示を省略することができる。

答え [   ]

3
章

5W1H＋数字
ひっかけ問題集

Who&Whom

What

When

Where

How

数字の
ひっかけ

問 193 　答え　×

　免許換えとは、新しく免許を取り直すことです。これは新規申請と同じ手続を行うことになります。

　本問の場合、B県知事免許を取ることになるので、B県知事に直接申請します。経由申請ではありません。

問 194 　答え　×

　登録の移転は任意です。「しなければならない」と書いてあったら×となります。

問 195 　答え　×

　IT重説を行う場合でも、宅建士証の提示は省略できません。画面越しにしっかりと見せないといけないのです。

問196 宅地建物取引業者 A 社が、自ら売主として宅地建物取引業者でない B との間で売買契約を締結した場合、37 条書面を交付する際に、B より「時間がないので説明は不要です」との申出があったため、A 社の宅地建物取引士 B は説明をせずに B の記名がある 37 条書面を交付したとき、A 社は宅地建物取引業法に違反しない。

答え

3章

5W1H＋数字
ひっかけ問題集

Who
&
Whom

What

When

where

How

数字の
ひっかけ

問196　答え　○

　37条書面（契約書）を交付する際、説明義務はありません。つまり黙って渡せばいいのです。

　本問では説明をせずに37条書面を交付していますが、そもそもはじめから説明義務がないため、A社は宅地建物取引業法に違反しません。

「数字」ひっかけ

例題 006

　宅地建物取引業を営もうとする者が、国土交通大臣または都道府県知事から免許を受けた場合、その有効期間は、国土交通大臣から免許を受けたときも、都道府県知事から免許を受けたときも5年である。

　　　　　　　　　　　　　　　　　数字

「数字」に関するひっかけです。
暗記要素が強いひっかけパターンなので、
正確なインプットをこころがけましょう！

3 章

5W1H＋数字
ひっかけ問題集

Who&
Whom

What

When

Where

How

数字の
ひっかけ

注）この例題では問題を解くにあたり、ひっかけのヒントとなる考え方を解説しています。実際の問題文にはヒントは記載されていませんのでご注意ください。

解　説

例題 006　　答え　○

　この問題では、免許の有効期間に関する「数字」が問われています。

　免許の有効期間は大臣免許、知事免許ともに5年です。大臣免許と知事免許は、事務所がどこにあるのかという違いしかありません。当然、有効期間も、どちらの免許を受けたとしても同じです。

数字は、他の項目と知識が混ざりやすいです。比較整理しながら学習を進めていきましょう！

権利関係　問題

民法

問 197　民法上、賃貸借の存続期間は 20 年を超えることができず、契約でこれより長い期間を定めたときであっても、その期間は 20 年とする。

答え

問 198　民法上、法定利率は、年5％とする。

答え

借地借家法

問 199　A が B との間で、A 所有の甲建物について、期間3年、賃料月額 10 万円と定めた賃貸借契約を締結した場合、A が B に対し、賃貸借契約の期間満了の6カ月前までに更新しない旨の通知をしなかったとき、A と B は、期間3年、賃料月額 10 万円の条件で賃貸借契約を更新したものとみなされる。

答え

問 200　定期建物賃貸借契約の場合、期間を1カ月とする定めを有効にすることができる。

答え

3
章

5
W
1
H
+
数
字

ひ
っ
か
け
問
題
集

Who
&
Whom

What

When

where

How

数字の
ひっかけ

問 197　答え　×

20年ではなく、50年です。これは2020年に改正された部分ですので、注意が必要です。

問 198　答え　×

法定利率は、年3%です。こちらも2020年の改正点です。

問 199　答え　×

当事者が期間満了の1年前から6カ月前までに「更新しない」という通知を出さなかった場合には、従前の契約と同一の条件で更新したものとみなされます。ただ、期間だけは従前の契約と同一ではなく、「期間の定めのないもの」として扱われるのです。したがって、「期間3年」が誤りです。

問 200　答え　○

定期建物賃貸借とは、マンスリーマンションのことです。当然、期間を1カ月とすることもできます。

定期建物賃貸借契約の場合、「○年以上でないといけない」というルールはありません。

問201 居住の用に供する建物（床面積220㎡）の定期建物賃貸借契約においては、転勤、療養その他のやむを得ない事情により、賃借人が建物を自己の生活の本拠として使用することが困難となったときは、賃借人は同契約の有効な解約の申入れをすることができる。

答え

区分所有法

問202 専有部分が数人の共有に属するときは、規約で別段の定めをすることにより、共有者は、議決権を行使すべき者を2人まで定めることができる。

答え

問203 集会の招集の通知は、会日より少なくとも2週間前に発しなければならないが、この期間は規約で伸縮することができる。

答え

問204 管理者は、集会において、毎年2回一定の時期に、その事務に関する報告をしなければならない。

答え

3章

5W1H+数字
ひっかけ問題集

Who&Whom

What

When

where

How

数字のひっかけ

問201　答え　×

　居住の用に供する建物の定期建物賃貸借契約の場合、床面積が200㎡未満のとき、やむを得ない事情があれば、解約の申入れをすることができます。本問のように、床面積が220㎡の場合には、解約申入れをすることはできません。

問202　答え　×

　1人を定めなければなりません。その部屋の代表として票を投じる人が複数いたら、「誰が代表者？」ということになってしまうため、2人定めることはできません。

問203　答え　×

　2週間前ではなく、1週間前に発しなければなりません。

問204　答え　×

　毎年1回一定の時期に、その事務に関する報告をしなければなりません。

問 205 区分所有者および議決権の各過半数を有する者は、管理者に対し、会議の目的たる事項を示して、集会の招集を請求することができる。ただし、この定数は、規約で減ずることができる。

答え

問 206 集会において、管理者の選任を行う場合、規約に別段の定めがない限り、区分所有者および議決権の各過半数で決する。

答え

問 207 規約の設定、変更または廃止を行う場合は、区分所有者および議決権の各過半数による集会の決議によってなされなければならない。

答え

問 208 共用部分の変更（その形状または効用の著しい変更を伴わないものを除く）は、区分所有者および議決権の各過半数による集会の決議で決する。

答え

問 209 建替え決議は、区分所有者および議決権の各4分の3以上の多数によって決する。

答え

3章

5W1H+数字
ひっかけ問題集

Who &
Whom

What

When

where

How

数字の
ひっかけ

問 205　答え　×

　管理者に対して集会の招集を請求できるのは、区分所有者の5分の1以上で議決権の5分の1以上を有する者です。各過半数ではありません。ちなみに、定数は規約で減ずることができるという点は正しいです。

問 206　答え　○

　管理者の選任・解任は、区分所有者および議決権の各過半数にて行います。

問 207　答え　×

　過半数ではなく、区分所有者および議決権の各4分の3以上の多数による集会の決議が必要です。

問 208　答え　×

　過半数ではなく、区分所有者および議決権の各4分の3以上の多数による集会の決議が必要です。「重大な変更を伴わないものを除く」とは、重大な変更ということです。

問 209　答え　×

　建替え決議は、区分所有者および議決権の各5分の4以上の多数によって決します。建て替えには、建築費用や取り壊し費用、工事期間中に住む家など様々な要素を考慮しなければなりません。そこで、5分の4以上という高い要件が定められています。

問 210 区分所有者は、規約に別段の定めがない限り、区分所有者および議決権の過半数の集会の決議によって管理者を選任することができるが、解任する場合には、区分所有者および議決権の４分の３以上の多数による集会の決議で決しなければならない。

答え

3章

5W1H＋数字ひっかけ問題集

Who&Whom

What

When

Where

How

数字のひっかけ

問 210   答え　×

　規約に別段の定めがない限り、管理者の選任も解任も区分所有者および議決権の各過半数です。

法令上の制限　問題

都市計画法

問211　地区計画の区域のうち地区整備計画が定められている区域内において、建築物の建築等の行為を行おうとする者は、一定の行為を除き、当該行為に着手する日の2週間前までに、行為の種類、場所等を市町村長に届け出なければならない。

答え

問212　区域区分の定められていない都市計画区域内の土地において、住宅の新築を目的として4,000㎡の土地の区画形質の変更を行おうとする者は、あらかじめ、都道府県知事の許可を受けなければならない。

答え

建築基準法

問213　高さが20mを超える建築物には原則として非常用の昇降機を設けなければならない。

答え

3
章

ひっかけ問題集
5W1H＋数字

Who & Whom

What

When

where

How

数字のひっかけ

問 211 答え　×

2 週間前までではなく、30 日前までです。

この論点は「誰が誰に」「いつ」「なにを」ひっかけパターンが複数ありますので、横断的に整理をしていきましょう。

問 212 答え　○

非線引きの都市計画区域内では、3,000㎡以上の開発行為を行う場合、原則として許可を受けないといけません。本問の場合 4,000㎡なので、許可が必要となります。

開発許可の問題は、例年 1 問確定で出題されています。ひっかけパターンも数多く存在していますが、確実に攻略しなければならない論点といえます。

問 213 答え　×

高さが 31m を超える建築物には、原則として非常用の昇降機（エレベーター）を設けなければなりません。

ちなみに、この高さが通常の消防車のはしごが届く限界の高さだというのが理由です。

問 214 住宅の居室には、原則として、換気のための窓その他の開口部を設け、その換気に有効な部分の面積は、その居室の床面積に対して、25 分の 1 以上としなければならない。

答え

問 215 住宅の地上階における居住のための居室には、採光のための窓その他の開口部を設け、その採光に有効な部分の面積は、その居室の床面積に対して 5 分の 1 以上としなければならない。

答え

問 216 第一種低層住居専用地域、第二種低層住居専用地域または田園住居専用地域においては、建築物の高さは 10m または 12m のうち、当該地域に関する都市計画において定められた建築物の高さの限度を超えてはならない。

答え

問 217 第二種低層住居専用地域に指定されている区域内の土地においては、都市計画において建築物の外壁またはこれに代わる柱の面から敷地境界線までの距離の限度を 2m または 1.5m として定めることができる。

答え

3
章

5
W
1
H
＋
数
字

ひ
っ
か
け
問
題
集

Who
&
Whom

What

When

where

How

数
字
の
ひ
っ
か
け

問214　答え　×

25 分の 1 以上ではなく、20 分の 1 以上です。

居室は住人が多くの時間を過ごす部屋であるため、換気ができるように設計されたものでなくてはなりません。

問215　答え　×

採光は 7 分の 1 以上です。「七光り」のゴロで覚えましょう。

問216　答え　○

低層住居専用地域等では、高い建物を建てることはできません。10m または 12m という数字を覚えておきましょう。

問217　答え　×

2 m または 1.5m ではなく、1.5m または 1 m です。

問 218 地上２階地下１階建て、延べ面積が 300㎡の木造建築物の建築をしようとする場合は、建築主事または指定確認検査機関の確認を受ける必要がある。

答え

問 219 都市計画区域外において、高さ８ｍ、階数が２階、延べ面積 300㎡の木造建築物を新築する場合、建築確認が必要である。

答え

国土利用計画法

問 220 市街化区域内の土地（面積 2,500㎡）を購入する契約を締結した者は、その契約を締結した日から起算して３週間以内に事後届出を行わなければならない。

答え

問 218 答え ○

　木造建築物の場合、地階を含む階数３以上・延べ面積 500 ㎡超・高さ 13m 超・軒の高さ９m 超、このいずれかに該当するときには、建築確認を受けなければなりません。

　本問では、延べ面積は 300 ㎡ですが、階数が地階含めて３フロアありますので、建築確認を受ける必要があります。「地階を含む階数３以上・延べ面積 500 ㎡超」という要件をしっかりと覚えておきましょう。

問 219 答え ×

　都市計画区域外で木造建築物を新築する場合、建築確認が必要となるのは次のいずれかに該当したときです。

①階数３以上（地階含む）

②延べ面積 500 ㎡超

③高さ 13m 超

④軒高９m 超

　本問の場合、上記のいずれにも該当しないため、建築確認は不要です。

問 220 答え ×

　３週間ではなく、２週間以内です。

問 221 都道府県知事は、一定の場合、土地利用審査会の意見を聴いて、事後届出をした者に対し、その届出に係る土地の利用目的について、必要な変更をすべきことを勧告することができるが、この勧告は事後届出があった日から起算して3週間以内にしなければならない。

答え

問 222 準都市計画区域内の土地（面積 6,000㎡）を購入する契約を締結した者は、その契約を締結した日から起算して2週間以内に事後届出を行わなければならない。

答え

問 223 区域区分の定めのない都市計画区域内の土地（面積 3,500㎡）を購入する契約を締結した者は、その契約を締結した日から起算して2週間以内に事後届出を行わなければならない。

答え

3
章

5W1H＋数字
ひっかけ問題集

Who&Whom

What

When

where

How

数字の
ひっかけ

問 221　答え　○

こちらが3週間です。問220の場合と混同しないように。

届出をするのは契約締結後2週間以内、それを受け取った知事が勧告をするのは3週間以内、ということですね。

問 222　答え　×

準都市計画区域内で事後届出が必要となるのは、面積が10,000㎡以上の土地です。本問のように6,000㎡なら、事後届出は必要ありません。

問 223　答え　×

非線引きの都市計画区域内で事後届出が必要となるのは、面積が5,000㎡以上の土地です。

・国土法の届出が必要となる面積のエリア

市街化区域	2,000㎡以上
市街化調整区域 非線引き都市計画区域	5,000㎡以上
上記以外の区域	10,000㎡以上

税金・価格評定　問題

所得税（譲渡所得）

問 224　租税特別措置法第36条の2の特定の居住用財産の買換えの場合の長期譲渡所得の課税の特例に関し、譲渡資産とされる家屋については、その譲渡に係る対価の額が5,000万円以下であることが、適用要件とされている。

答え␣␣␣

問 225　特定の居住用財産の買換えの場合の長期譲渡所得の課税の特例に関し、買替資産とされる家屋については、その床面積のうち自己の居住の用に供する部分の床面積が、50㎡以上240㎡以下であることが、適用要件とされている。

答え␣␣␣

登録免許税

問 226　住宅用家屋の所有権の移転登記に係る登録免許税の税率の軽減措置の適用を受けるためには、その住宅用家屋の取得後6カ月以内に所有権の移転登記をしなければならない。

答え␣␣␣

3 章

5W1H＋数字 ひっかけ問題集

Who & Whom

What

When

where

How

数字の ひっかけ

問 224　答え　×

5,000 万円以下ではなく、1億円以下です。

買換えの特例を受けるには、譲渡資産（売った家）の対価の額が1億円以下である必要があります。あまりに高く売れて、1億円を超えるお金が手に入ったときには使えません。

問 225　答え　×

要件は 50㎡以上です。したがって、240㎡以下という記述が誤りです。

ちなみに、不動産取得税においては 50㎡以上 240㎡以下という数字が出てきます。知識を混同させないように整理していきましょう。

問 226　答え　×

6カ月ではなく、1年です。

問227 この税率の軽減措置は、個人が自己の経営する会社の従業員の社宅として取得した住宅用家屋に係る所有権の移転の登記にも適用される。

答え

不動産取得税

問228 家屋が新築された日から3年を経過して、なお、当該家屋について最初の使用または譲渡が行われない場合においては、当該家屋が新築された日から3年を経過した日において家屋の取得がなされたものとみなし、不動産取得税を課する。

答え

問229 令和6年4月に取得した床面積250㎡である新築住宅に係る不動産取得税の課税標準の算定については、当該新築住宅の価格から、1,200万円が控除される。

答え

問230 宅地の取得に係る不動産取得税の課税標準は、当該取得が令和6年3月31日までに行われた場合、当該宅地の価格の6分の1の額とされる。

答え

問 227　答え　×

適用対象となる住宅用家屋は、個人が取得した自己居住用の家屋で、その床面積が 50㎡以上であるものです。

社宅は自己居住用ではないため、この場合には適用されません。

問 228　答え　×

3 年ではなく、1 年です。

問 229　答え　×

課税標準から 1,200 万円の控除が受けられるのは、50㎡以上 240㎡以下の住宅です。250㎡の場合、控除を受けることはできません。そもそも 250㎡の家を買えるくらいのお金があるなら、しっかりと税金を払ってもらいたいですからね。

問 230　答え　×

6 分の 1 ではなく、2 分の 1 です。ちなみに、固定資産税の問題では 6 分の 1 という数字が出てきますので、混同しないようにしましょう。

問 231 不動産取得税の課税標準となるべき額が、土地の取得にあっては 30 万円、家屋の取得のうち建築に係るものにあっては 1 戸につき 20 万円、その他のものにあっては 1 戸につき 12 万円に満たない場合においては、不動産取得税が課されない。

答え

固定資産税

問 232 200㎡以下の住宅用地に対して課する固定資産税の課税標準は、価格の 2 分の 1 の額とする特例措置が講じられている。

答え

問 233 市町村は、財政上その他特別の必要がある場合を除き、当該市町村の区域内において同一の者が所有する家屋に係る固定資産税の課税標準額が 20 万円未満の場合には課税できない。

答え

問 231　答え　×

不動産取得税の免税点は次のとおりです。

種類	課税標準
土地取得	**10万円未満**
建築によって家屋を取得 （大工さんに家を建ててもらった）	**23万円未満**
その他の原因による家屋の取得（売買等）	**12万円未満**

ちなみに、土地30万円・家屋20万円は固定資産税です。

問 232　答え　×

「2分の1」ではなく、「6分の1」です。

200㎡以下の住宅用地に対して課する固定資産税の課税標準は、6分の1とする特例措置があります。6,000万円の土地であれば、1,000万円と考えて税金を計算してくれるということです。

問 233　答え　○

固定資産税の免税点は次のとおりです。

種類	課税標準
土地	**30万円未満**
家屋	**20万円未満**

固定資産税の標準税率は、1.6％であり、条例によってこれを超える税率を定めることも認められる。

答え

 新築された住宅に対して課される固定資産税については、新たに課されることとなった年度から４年度分に限り、６分の１相当額を固定資産税額から減額される。

答え

問234 答え ×

1.4％が正しい記述です。

なお、これはあくまでも標準税率なので、条例によって1.4％を超える税率を定めることもできます。

問235 答え ×

3年度分に限り、2分の1相当額が減額されます。

3年半額と覚えよう！

宅建業法

問 236 免許の更新を受けようとする宅地建物取引業者は、免許の有効期間満了の日の2週間前までに、免許申請書を提出しなければならない。

答え

問 237 宅地建物取引業を営もうとする者が、国土交通大臣または都道府県知事から免許を受けた場合、その有効期間は、国土交通大臣から免許を受けたときは5年、都道府県知事から免許を受けたときは3年である。

答え

問 238 都道府県知事は、不正の手段によって宅地建物取引士資格試験を受けようとした者に対しては、その試験を受けることを禁止することができ、また、その禁止処分を受けた者に対し5年を上限とする期間を定めて受験を禁止することができる。

答え

問 239 保証協会から還付充当金を納付すべきことの通知を受けた社員は、その通知を受けた日から1月以内に、その通知された額の還付充当金を当該保証協会に納付しなければならない。

答え

解　説

3
章

5
W
1
H
＋
数
字

ひっかけ問題集

Who
&
Whom

What

When

where

How

数字の
ひっかけ

問236　答え　×

更新申請は、有効期間満了の日の90日前から30日前までに提出しなければなりません。遅くても30日前には、申請書を提出しなければならないのです。なぜなら、役所の審査に1カ月ほどかかるからです。

問237　答え　×

免許の有効期間は大臣免許、知事免許ともに5年です。

大臣免許と知事免許は、事務所がどこにあるのかという違いしかありません。当然、有効期間も、どちらの免許を受けたとしても同じです。

問238　答え　×

5年ではなく、3年です。

不正受験をした者・しようとした者には、3年間試験を受験できないというペナルティが下ることがあるということです。

カンニング、ダメ、絶対！

問239　答え　×

通知を受けた日から2週間以内に、保証協会に還付充当金を納付しなければなりません。

問240 保証協会は、その社員である宅地建物取引業者から弁済業務保証金分担金の納付を受けたときは、その納付を受けた日から２週間以内に、その納付を受けた額に相当する額の弁済業務保証金を供託しなければならない。

答え

問241 保証協会に加入している宅地建物取引業者（甲県知事免許）は、甲県の区域内に新たに支店を設置した場合、その設置した日から１月以内に当該保証協会に追加の弁済業務保証金分担金を納付しないときは、社員の地位を失う。

答え

問242 宅地建物取引業者Ａ社は、その主たる事務所に従事する唯一の専任の宅地建物取引士が退職したときは、30日以内に、新たな専任の取引主任者を設置しなければならない。

答え

問243 宅地建物取引業者は、その事務所ごとに従業者名簿を備えなければならず、当該名簿を最終の記載をした日から５年間保存しなければならない。

答え

問 240 答え ×

保証協会は、納付を受けた日から 1 週間以内に供託しなければなりません。

問 241 答え ×

1 月以内ではなく、2 週間以内が正しい記述です。

問 242 答え ×

唯一の専任の宅建士が退職してしまっているため、2 週間以内に新たな専任の宅建士を設置しなければなりません。

問 243 答え ×

従業者名簿は、最終の記載をした日から 10 年間の保存義務があります。

3章

5W1H＋数字 ひっかけ問題集

Who & Whom

What

When

where

How

数字のひっかけ

問244 宅地建物取引業者Aが、B所有の甲宅地の売却の媒介を依頼され、Bと専任媒介契約を締結した場合、AがBに対し業務の処理状況を3週間に1回報告するという特約は無効である。

答え

問245 宅地建物取引業者Aが、C所有の甲宅地の売却の媒介を依頼され、Cと専属専任媒介契約を締結した場合、Aは、甲宅地について法で規定されている事項を、契約締結の日から休業日を含めず7日以内に指定流通機構へ登録する義務がある。

答え

問246 住宅販売瑕疵担保責任保険契約は、新築住宅を自ら売主として販売する宅地建物取引業者が住宅瑕疵担保責任保険法人と締結する保険契約であり、当該住宅の売買契約を締結した日から5年間、当該住宅の瑕疵によって生じた損害について保険金が支払われる。

答え

問247 宅地建物取引士が、刑法第204条の傷害罪により罰金の刑に処せられ、登録が消除された場合は、当該登録が消除された日から5年を経過するまでは、新たな登録を受けることができない。

答え

3章

5W1H＋数字
ひっかけ問題集

Who &
Whom

What

When

where

How

数字の
ひっかけ

問244　答え　○

専任媒介契約を締結した場合、宅建業者は2週間に1回以上のペースで業務の処理状況を報告しなければなりません。

したがって、「3週間に1回」という特約は無効となります。

問245　答え　×

専属専任媒介契約の場合には、7日以内ではなく、5日以内です。

ちなみに、専任媒介契約の場合には、契約締結の日から休業日を含めず7日以内に指定流通機構（レインズ）へ登録する義務があります。

問246　答え　×

5年間ではなく、10年間です。「10年間有効の保険に入ってね」ということです。

問247　答え　×

2行目後半〜3行目の「登録が消除された日から5年」が誤りです。正しくは、「刑の執行を終わりまたは執行を受けることがなくなった日から5年」です。

たとえば、2023年4月1日に傷害罪により罰金の刑に処せられ登録が消除となり、罰金を2024年5月1日に納めた場合、2024年5月1日から5年間は登録できません。

宅建試験の上位に入るために②

　宅建試験で上位に入るためには、正答率が高い問題を確実に取ることでしたよね。コラム2では、正答率80％の問題を失点することがいかに致命的かを説明しました。ここでは正答率の低い問題だったらどうかについて説明します。

　たとえば正答率30％の問題を失点したらどうでしょうか。その場合は、横にはまだ70％の受験生が並んでいます。これなら、十分に挽回が可能です。

失点　　　横には70％の受験生が並んでいる

　このように考えると、正答率の高い問題を失点するのがいかに恐ろしいことかわかります。さまざまな講師が「とにかく基本が大事」と口にします。その言葉の本当の意味は、「もし失点したら取り返しのつかないことになるから」です。

　また、受験生のデータを分析すると、正答率50％以上の問題をすべて得点していけば、十分合格点に達することがわかっています。正答率が低く難しい問題で得点すると、嬉しくなるお気持ちはわかります。しかし、合格戦略としては、正答率が高い問題をもれなく得点することこそが大事なのです。

巻末付録
間違いやすい用語集

間違いやすい7つのポイント

Point 1 免許の欠格事由と免許の取消事由

　宅建業法において、**欠格事由**と**取消事由**の違いを理解できていない方も多いのではないでしょうか。

　この2つの概念は免許の欠格事由のところで、やや細かい論点として出題される傾向にあります。

　どちらもマイナスイメージであるため、「なんとなく悪い」と片付けてしまいがちですが、宅建試験は法律系の国家試験ですから、違いを正確に押さえましょう。

　つまり、ひと言で表現するならば、**場面が違うのです。**

　想像してみてください。

　ある人が、これから好きな人に告白をしようとしています。そのときに、告白する相手が**「私、こんな人とは付き合わないから。告白されても断る」**とあらかじめ条件を決めていたとしましょう。

　これが**欠格事由**です。例えば、「浮気したことがある人」「金遣いが荒い人」「暴力をふるう人」などでしょうか。

　これらに該当している場合、**告白してもオッケーはもらえません。却下されてしまいます。**

　一方、取消事由とは、**今現在付き合っている状態**において、

欠格事由	取消事由

タバコ吸う人とは
絶対付き合えない！

大好き！
だけど浮気したら
すぐ別れるからね！

条件が当てはまっていた
ら、告白してもふられて
しまう

付き合っていてもある条件によ
りふられてしまう（欠格事由と重
なっているときはヨリも戻せない）

**相手から「こんなことしたら別れるからね」と言われている
場合です。これが取消事由**になります。

　もちろん、「浮気したら別れる」というように、**欠格事由
と共通した事柄も存在**します。その場合にはつまり、「フラ
れてしまうし、ヨリを戻すこともできない」ということを意
味します。

　ただ、なかには「一度はフラれてしまうものの、状況を変
えればすぐにヨリを戻せる場合」も存在するのです。つまり、
**取消事由ではあるが、欠格事由には該当しないというケース
が存在する**のです。

　このように考えると、この２つは明確に場面が違うという
ことをおわかりいただけると思います。

この違いを頭に入れて、今一度、お手持ちのテキストや問題集で確認してみてください。

債務

債務とは、「○○しなければならない」という契約上の義務のことです。

シンプルに**「義務」と読み替えてしまってかまいません。**

債務と聞くと、お金を払うという場面をイメージする方が多いと思います。それも間違いではないのですが、**債務はお金を払う場面には限られません。**

例えば、売主は売った商品を引き渡さなければなりません。これも、債務なのです。

弁済

義務を果たすことを、弁済といいます。

試験対策としては「お金を払う」と考えてしまってかまいません。ただ、お金を払うという場面に限定されるわけではないので、その点だけ気をつけて下さい。

たとえば、teru は普段資格予備校で講義をしているのですが、これは弁済と考えることができます。

というのも、teru は予備校が決めた時間に教室で講義をする、という義務を負っています。その義務を果たしているわけですから、弁済なのです。

損害賠償

損害賠償と聞くと、「訴えてやる！」といった感じで、相手からお金をぶんどるというイメージが浮かびますよね。

ただ、あくまで**学問上の損害賠償は、「自分が受けた損害を相手に賠償させる」**ということです。

もっとシンプルに表現するなら、**「マイナスをゼロに戻すために相手に弁償させる」**のが損害賠償ということです。

「ムカつくからとにかくお金を請求したい」という話ではありません。

抵当権の効力が及ぶ

この言葉がなにを意味するのかを説明できる方は少ないのではないでしょうか。

これはズバリ**「競売にかけていい」ということ**です。

たとえば、「抵当権設定時に存在した従物には、抵当権の効力が及ぶ」というフレーズがあります。つまり、**「抵当権設定時に存在した従物は、競売にかけていい」**ということなのです。

従物の例としては、建物の中に存在するドアがわかりやすいでしょう。建物に抵当権が設定された時に、建物の中に存在したドアは、建物と一緒に競売にかけていいのです。

考えてみればわかると思いますが、仮に、ドアを競売にかけてはいけないと言われたら、出品前にドアをすべて取り除

かなければならなくなります。これでは誰も得をしません。

　その建物の所有者からしてみれば、もう建物は出品されてしまうわけですから、ドアだけ残ってもどうしようもないですよね。さらに、落札者からしても、ドアはつけてくれていたほうがありがたいもの。ですから、この場合には一緒に競売にかけていいということになっているのです。

Point 6 開発行為

　開発行為とは、主として建築物の建築または特定工作物の建設の用に供する目的で行う土地の区画形質の変更です。

　たとえば「建築物などを建てるために行う土木工事」が開発行為にあたります。

　特定工作物は第一種特定工作物と第二種特定工作物がありますが、問題を解く上ではあまり意識する必要はありません。

　面積に関係なく特定工作物に該当するのが、コンクリートプラント、アスファルトプラント、ゴルフコースです。開発の規模に関係なく、これらのために行う土地の工事は開発行為となります。

　注意が必要となるのが、**野球場・庭球場・遊園地・墓園**です。これらは、規模が1ha以上、つまり10,000㎡以上であれば、特定工作物に該当します。

　面積によって特定工作物にあたるかどうかが変わりますので、たとえば、12,000㎡の野球場は特定工作物に該当し、そのために行う土地の工事は、開発行為となります。

7 Point 債権譲渡、賃借権の譲渡、所有権の譲渡

民法において出てくる用語です。実はこの3つ、すべて同じ意味なのです。

譲渡とは、人が変わることをいいます。

例文を使って考えていきましょう。

 Ａ所有の建物を、Ｂに譲渡した

所有者が、ＡからＢに変わっています。

 Ａが、Ｃに対する債権をＢに譲渡した

債権者が、ＡからＢに変わっています。

 賃借人Ａが、賃貸人Ｃの承諾を得て、賃借権をＢに譲渡した

賃借人が、ＡからＢに変わっています。

いかがでしょうか。すべて共通して、人が変わっていますよね。

このように考えると、債権譲渡や賃借権の譲渡も読みやすくなると思います。

著者プロフィール

宅建テルキナ

平井照彦（teru）、宇都木雪那（kina）からなる宅建攻略ユニット。2019年結成。「知識を絞って、正確性を極限まで上げる」をテーマに、YouTubeを中心に宅建試験に合格するための情報を発信中。
2023年に講義動画の有料販売を開始。重要ポイントをわかりやすく解説する講義は、多くの受験生から好評を得ている。2024年より、住宅新報出版の「パーフェクト宅建士講座」で講師を務める。
著書：宅建ひっかけ問題完全攻略シリーズ（廣済堂出版、住宅新報出版）

teru｜平井 照彦

2012年行政書士試験に合格。当時勤めていたインテリアショップを退職し、大手資格予備校にて教材作成・質問対応等の職務を経験。2015年宅建試験に合格、2016年より宅建講座の担当を開始。2018年、自身初となる書籍「宅建ひっかけ問題完全攻略」（廣済堂出版）を出版。
趣味は音楽・デザイン・インテリア、コーヒーとハイボールが好き。

kina｜宇都木 雪那

2017年、平井のクラスに通い、宅建試験に一発合格。2019年より宅建テルキナにて宅建試験対策のコンテンツ制作を開始。2022年、「宅建ひっかけ問題完全攻略」（廣済堂出版）を共著で出版。2023年より、有料販売のインプット動画を担当。2024年、パーフェクト宅建士講座にて講師を務める。絵を描くことが好き。

宅建テルキナ「ひっかけ問題」完全攻略

2024年5月31日　初版発行

著　者　宅建テルキナ（平井 照彦　宇都木 雪那）
発行者　馬場 栄一
発行所　株式会社　住宅新報出版
　　　　〒171-0014　東京都豊島区池袋2-38-1
電　話　03-6388-0052
印刷・製本　シナノ印刷　株式会社